O QUINTO ELEMENTO

DOUGLAS LITHOLDO

O QUINTO ELEMENTO

O CICLO DO AUTOCONHECIMENTO E DA LIBERTAÇÃO INTERIOR NO RITMO DAS QUATRO ESTAÇÕES

70

Rio de Janeiro, 2025

O quinto elemento

Edições 70 é um selo da Editora Almedina **Brasil** do Grupo Editorial Alta Books (STARLIN ALTA EDITORA E CONSULTORIA LTDA).

ISBN: 978-65-542-7322-0

Impresso no Brasil — 1ª Edição, 2025 — Edição revisada conforme o Acordo Ortográfico da Língua Portuguesa de 2009.

Dados Internacionais de Catalogação na Publicação (CIP)

L776q
1.ed.- Litholdo, Douglas.
O quinto elemento: o ciclo do autoconhecimento e da libertação interior no ritmo das quatro estações / Douglas Litholdo. - Rio de Janeiro: Edições 70, 2025.
112 p.; 15,7 x 23 cm.

ISBN 978-65-542-7322-0

1. Autoconhecimento. 2. Psicologia analítica. 3. Estações do ano - simbolismo. 4. Desenvolvimento pessoal. I. Título.

CDD 158.1

Índice para catálogo sistemático:
1. Desenvolvimento do eu - 158.1

Almedina Brasil é uma Editora do Grupo Editorial Alta Books

Produção Editorial: Grupo Editorial Alta Books
Diretor Editorial: Anderson Vieira
Vendas Governamentais: Cristiane Mutüs
Produtora Editorial: Luna Bolina
Revisão Gramatical: Christiano Sensi
Diagramação: Junior Santos
Capa: Diego Santos

ALTA BOOKS
GRUPO EDITORIAL

Rua Viúva Cláudio, 291 — Bairro Industrial do Jacaré
CEP: 20.970-031 — Rio de Janeiro (RJ)
Tels.: (21) 3278-8069 / 3278-8419
www.altabooks.com.br — altabooks@altabooks.com.br
Ouvidoria: ouvidoria@altabooks.com.br

Editora **afiliada à:**

ASSOCIADO

Aos meus pais, que foram anjos em minha vida; aos meus irmãos e minhas filhas Helena e Sofia, e a Stefano, meu filho do coração. São o meu farol que me guia em noites escuras. Gratidão!

AGRADECIMENTOS

Gratidão é uma palavra de origem latina, *gratus*, que significa ser grato pelas coisas boas da vida. Então, eu sou grato. Sou grato a Deus pela oportunidade de estar vivo, por ser quem sou, por me amar, por não me culpar ou transitar entre pecados e me castigar por isso.

Muito ao contrário, agradeço a um Deus que é amor, que entende meu esforço em acertar e a pequeneza da minha existência. Mas, às vezes, eu erro muito mais que acerto. Mas esse Deus é compreensivo; ele me ajuda, me ergue, me ilumina e me dá a sabedoria para que eu possa atravessar grandes tempestades e oceanos assustadores.

A esse Deus que eu amo, eu agradeço. Agradeço aos meus pais, Ovídio e Benedita, pessoas simples, da roça, de baixa escolaridade, e um estilo de vida muito próximo à pobreza, mas que me deram uma herança inenarrável. Deram-me valores sólidos, que se perpetuaram; princípios que valem muito mais do que qualquer riqueza desse plano. Eu os reconheço e a eles agradeço por terem sido pais maravilhosos.

Eu os amo. Agradeço aos meus irmãos. Somos sete. À minha irmã mais velha, a Tata, e a cada um deles, agradeço por essa jornada, por essa família, tão diferentes e tão iguais.

Agradeço a oportunidade de ter o Stéfano, meu filho do coração, que vem à minha vida me ensinando, talvez, aquilo que eu jamais esperava ser: pai. Brigamos muito, acertamos muito, mas hoje podemos dizer que estamos conectados, não por um fio de sangue, mas por um vínculo chamado amor puro. Nós escolhemos, eu a ele, como filho, e ele a mim, como pai.

Agradeço às minhas filhas; que honra é essa! Helena, de uma virtude encantadora. Sofia, uma guria que encanta; que é avassaladora.

Agradeço à vida, às oportunidades, ao mundo empreendedor por estar aqui desbravando, utilizando o conhecimento para que nós possamos transitar em outras áreas do saber, da nossa vida.

Talvez, "ter" seja um verbo importante, mas talvez o verbo "fazer" seja importante nos comportamentos empreendedores, mas agradeço também ao verbo "sentir".

"Estamos indo de volta para casa", e este dizer faz todo sentido, como certa vez disse Jung, o quinto elemento, a centelha divina que habita dentro de cada um de nós.

Quero agradecer ao verbo "servir", que no nível de consciência um pouco mais elaborado, talvez este seja a razão da existência, servir ao próximo, deixar este bem talvez seja a minha missão dessa vida ou a nossa missão. Então, nos verbos fazer, sentir e servir está a equação da minha existência, e eu agradeço por isso.

Que honra a minha ter a oportunidade de transcrever, de escrever um livro deixando um legado, mas acima de tudo, naquilo que mais acredito, em Deus, na família, nos valores inquebráveis e nas possibilidades que nós temos de deixar este mundo, as pessoas à nossa volta, os nossos vínculos, um pouco melhor. Para isso, nós precisamos voltar para casa.

Boa viagem!

Desperte, liberte-se e seja feliz.

SUMÁRIO

**QUEM DERA QUE A VIDA
FOSSE FEITA DE CANÇÕES,
RIMAS E POESIAS.
MAS EXISTEM DIAS DE
TEMPESTADES, O CÉU FICA
NUBLADO, O DIA SE TORNA
ESCURO, AS NUVENS SE
CLAREIAM COM SEUS
RAIOS E RELÂMPAGOS, OS
TROVÕES, BARULHENTOS,
QUEBRAM O SILÊNCIO E A
CALMARIA, UM DIA QUE
PODERIA SER...**

ROGERIO R. SANTOS

1.
UMA BREVE HISTÓRIA DA HUMANIDADE – PARTE 1
Quando o Homem[1] Domina (ou Compreende) a Força da Natureza

O início da humanidade é um ponto crucial para compreendermos nossa evolução, tanto física quanto mental. Imagine um personagem, "o cavaleiro preso na armadura" (em uma referência a Robert Fisher), simbolizando o homem primitivo — esse ser que, na vastidão de um mundo incerto, vivia cercado pelo caos. No ano zero da humanidade, os primeiros seres humanos lutavam pela sobrevivência em um ambiente implacável. O medo constante de predadores, a busca por alimento, abrigo contra o frio e tempestades eram os desafios diários.

Nesse cenário, o caos era o mestre supremo. Sem ele, o ser humano não teria sido forçado a inovar, a sair da caverna e a confrontar o desconhecido. O caos era a própria vida, moldando a mente primitiva, empurrando-a a desenvolver estratégias, ferramentas e, finalmente, a linguagem.

[1] Usaremos o termo "homem" ao longo do livro no seu sentido lato e amplo, como espécie humana, humanidade.

Assim como no livro *O erro de Descartes*, de António Damásio, onde o pensamento racional é questionado em favor de um entendimento mais complexo do corpo e da mente, o homem das cavernas não agia apenas pela razão, mas por impulsos e intuições que hoje, muitas vezes, esquecemos de valorizar.

Se voltarmos à perspectiva de Yuval Harari em *Sapiens*, vemos que a ascensão do ser humano não se deu pelo controle do caos, mas pela capacidade de imaginar um novo futuro dentro desse caos. Os primeiros humanos, presos a uma realidade de escassez e medo, precisavam enfrentar monstros reais — tigres, frio, fome —, mas, à medida que evoluímos, os monstros mudaram. Eles se transformaram em medos internos, em monstros psicológicos que carregamos dentro de nossas armaduras modernas: ansiedade, solidão, insegurança. Nesse contexto, o cérebro humano, com seus 500 milhões de anos de evolução, ainda traz consigo o mesmo instinto de sobrevivência que moldou nossas decisões por eras, na busca incessante por reconhecimento, pertencimento e afetos.

A transição da sobrevivência física para a sobrevivência emocional é um dos maiores desafios da mente moderna. Assim como no passado, os seres humanos atribuíam fenômenos naturais como tempestades e mudanças sazonais a forças maiores, a um deus ou deusa que governava o ciclo da vida — como o deus do trigo ou a deusa da colheita, cujas bênçãos garantiam sustento e proteção. O homem primitivo não buscava uma espiritualidade profunda, mas a sobrevivência. De maneira instintiva, ele venerava algo que pudesse garantir sua continuidade. Hoje ainda fazemos o mesmo. Baseado exclusivamente na minha observação empírica da realidade, sem nenhuma pesquisa estatística, acredito que boa parte das pessoas, ao rezar ou praticar algum ritual, fazem-no pedindo pela sobrevivência, não para desenvolver sua espiritualidade. Ou seja, o homem das cavernas ainda vive dentro de nós.

Assim como o cavaleiro que não consegue tirar sua armadura e se desconecta de sua verdadeira essência, o homem moderno também luta para se libertar das amarras invisíveis do caos interior. Nas palavras de Jung, esse caos interior é o inconsciente coletivo, um repositório de medos basilares e arquétipos que nos governam desde os primórdios, um conjunto de sentimentos, pensamentos e lembranças que toda a humanidade compartilha. Ainda somos homens das cavernas no interior de nossas mentes, temendo monstros imaginários e dinossauros psíquicos que nos impedem de avançar.

A jornada do homem, desde a caverna até o mundo de hoje, reflete uma transição entre o caos exterior e o caos interior. Hoje, os dinossauros são as emoções; os predadores são os medos irracionais que bloqueiam a nossa consciência, algo que Damásio também explora ao abordar a relação entre emoção e razão. O caos não desapareceu; ele simplesmente mudou de forma. Estamos travando as mesmas batalhas, mas agora dentro de nós mesmos.

Os monstros que enfrentamos não são tigres ou tempestades, mas medos psicológicos. O cérebro primitivo, que se desenvolveu para buscar padrões e controlar o ambiente, entra em conflito com a complexidade da vida moderna. O caos que enfrentamos agora é o caos da incerteza. Não conseguimos prever com exatidão o que vai acontecer no futuro, e isso gera ansiedade, doenças, taquicardia, pressão alta. A mente, sempre em busca de segurança, ainda opera no mesmo padrão de sobrevivência de nossos antepassados, tentando controlar o incontrolável.

E, nessa perspectiva, desde o início da humanidade, o caos sempre foi o motor da evolução. Ele nos tirou da inércia das cavernas e, atualmente, força-nos a olhar para dentro, a confrontar a nossa própria "sombra", como diria Jung, e a buscar uma nova forma de ser. Assim como o cavaleiro que a certa altura aprende a remover sua armadura, às custas de muito sofrimento e mergulho interno por autoconhecimento, precisamos encarar nosso caos interno, pois é ele que nos move, que nos empurra para uma nova era de consciência.

PRIMEIROS PASSOS

No início da jornada humana, os primeiros homens viviam imersos no caos do mundo natural, dependentes das forças imprevisíveis da natureza para sobreviver. Esses homens das cavernas não dominavam a paisagem ao seu redor, mas viviam em constante adaptação, movendo-se de um lugar para o outro em busca de comida, abrigo e segurança. Eram nômades, caçadores e coletores, e sua existência estava profundamente conectada às estações do ano, mesmo que de forma inconsciente.

A migração dos primeiros humanos ocorreu principalmente por necessidade. O clima variava drasticamente, as fontes de alimentos se esgotavam rapidamente e, à medida que os grupos cresciam, tornava-se imperativo buscar novos territórios para sustentar a tribo. O homem primitivo era guiado pela escassez: ele seguia os animais que caçava e explorava diferentes áreas para encontrar frutas, raízes e sementes que pudessem complementar sua dieta. Essa dinâmica de caçar e coletar representava a primeira forma de sobrevivência e, durante milênios, esse modo de vida garantiu a continuidade da espécie.

Desde esses tempos, o ser humano já mostrava sua natureza de *migrante*, movendo-se de uma região para outra em busca de segurança, alimento e melhores condições de vida. E a migração, um dos principais motores da globalização apontados por Nayan Chanda na obra *Sem fronteiras*, já fazia parte da nossa essência. Essas migrações, além de serem feitas por necessidade física, iniciavam os primeiros passos na troca de *cultura* e *ideias*, mesmo que de forma rudimentar.

A transição para a agricultura foi uma das transformações mais significativas da história da humanidade. Por volta de 10.000 a.C., durante o período conhecido como Revolução Neolítica, o homem começou a observar o ciclo natural das plantas. Ele notou que as sementes, ao serem lançadas no solo, poderiam germinar e fornecer alimento de maneira mais previsível e estável. Esse insight foi o começo da era agrícola. Voltando ao livro de Yuval Harari, o autor cita que o trigo, uma das primeiras plantas a ser cultivada, tornou-se essencial para o ser humano. A domesticação das plantas e animais mudou radicalmente o estilo de vida humano, permitindo que as comunidades se fixassem em um só lugar e desenvolvessem assentamentos.

E também podemos fazer um paralelo com o livro de Chanda, que aponta como a humanidade começou a formar laços mais fortes com o surgimento da agricultura e o estabelecimento de comunidades. Isso também impulsionou a conquista por territórios como uma das forças da globalização, um fenômeno que, para o autor de *Sem fronteiras*, remonta a milhares de anos. Povos começaram a lutar por terras férteis e recursos, uma expansão territorial que impactou a disseminação cultural e tecnológica. Embora os “monstros” atuais não sejam os animais selvagens e as baixas temperaturas, o mundo globalizado afeta nossas emoções e ansiedades, uma vez que estamos conectados e somos impactados por problemas que atravessam todo o planeta, como os econômicos, políticos, e as mudanças climáticas.

O novo modo de vida dos primórdios da agricultura trouxe consigo uma outra consciência temporal. Se antes o homem estava sempre à mercê dos ciclos naturais, sem poder controlá-los, agora ele começava a compreendê-los melhor. As estações do ano — primavera, verão, outono e inverno — tornaram-se o ritmo da vida agrícola. Cada estação tinha um significado e uma função: a **primavera** era a época de plantar, um período de esperança e preparação, onde o homem lançava sementes no solo, confiando no crescimento futuro; o **verão** representava a fase do crescimento, quando a vida florescia e o trabalho intensivo de cuidar das plantas era essencial; já o **outono** era a estação da colheita, o momento de recolher os frutos do trabalho e garantir o sustento para os meses seguintes; e o **inverno**, por sua vez, era um tempo de recolhimento, onde o homem se voltava para dentro, preservando os recursos e preparando-se para o recomeço do ciclo.

Esse ciclo das estações que guiava a agricultura também era um reflexo das mudanças internas do ser humano. O homem passou a entender que, assim como a natureza, sua própria vida seguia ciclos de crescimento, maturação, colheita e recolhimento. Ele percebeu que o caos aparente do mundo natural tinha uma ordem oculta — um ritmo que, quando compreendido, poderia ser aproveitado para seu próprio benefício.

Com o tempo, à medida que as sociedades evoluíram, o homem também evoluiu intelectualmente. A mente humana se expandiu em complexidade, desenvolvendo linguagem, arte, religião e filosofia. Ele começou a refletir sobre sua própria existência e sobre o papel que desempenhava no cosmos. A transição de caçador-coletor para agricultor foi, ao mesmo tempo, uma evolução prática e espiritual. Enquanto ele aprendeu a dominar o ambiente físico, também passou a questionar o seu lugar no mundo e o significado da vida. Essa reflexão é o que António Damásio descreve como o surgimento da consciência, quando as emoções, os sentidos e a razão começam a se entrelaçar.

Nesse processo, o homem também dominou as águas, uma de suas maiores conquistas. Transpor os oceanos foi, sem dúvida, uma grande superação dos perigos reais e imaginários. Chanda explica que o controle das rotas marítimas foi um fator chave na expansão do comércio, na disseminação de culturas e na construção de impérios. Durante a era das grandes navegações, potências europeias como Portugal, Espanha, Inglaterra e Holanda competiam para controlar os oceanos e as rotas comerciais. Esse domínio das águas permitiu a criação de vastas redes de comércio que conectaram a Europa com as Américas, África e Ásia. As navegações transformaram o mundo ao facilitar a troca de bens, ideias, e até mesmo populações, como ocorreu com o tráfico de escravos africanos.

A exploração dos mares marcou o início de uma nova fase de globalização, quando as fronteiras físicas entre continentes começaram a desaparecer em função do fluxo contínuo de mercadorias, informações e culturas. As navegações não só possibilitaram a exploração de novas terras e riquezas, mas também o intercâmbio cultural, que influenciou as sociedades ao longo do tempo.

A era das grandes navegações, para Chanda, foi uma peça central no quebra-cabeça da globalização, conectando o mundo de maneira sem precedentes e criando uma rede de interdependências que ainda hoje molda nossas sociedades.

OS CICLOS SE REPETEM

Essa história, iniciada como uma luta pela sobrevivência na desordem do tempo das cavernas, transformou-se em uma busca por ordem, tanto externa quanto interna. Esse processo culminou no *homo intellectus*[2], o ser humano moderno, capaz de olhar para o pas-

---

[2] O termo *Homo intellectus* não é uma classificação científica formal na antropologia ou biologia evolutiva, mas sim uma construção conceitual e simbólica utilizada em contextos filosóficos, educacionais e de desenvolvimento humano. Inspirado em designações como *Homo sapiens* ("homem sábio") e *Homo faber* ("homem que fabrica"), *Homo intellectus* propõe uma metáfora para um novo estágio na jornada da consciência humana.
A expressão tem sido usada por diversos autores contemporâneos para representar o ser humano cuja principal característica não é apenas a racionalidade ou a capacidade técnica, mas a integração entre conhecimento, consciência e intencionalidade. Refere-se àquele que desenvolve a habilidade de pensar sobre o próprio pensar, reconhecendo seus pontos cegos e padrões automáticos, em direção a uma inteligência mais ampla e ética. Por exemplo, o escritor James Anthony utilizou o termo como título de seu romance de ficção científica *Homo Intellectus*, publicado em 2011, que explora temas relacionados à evolução da consciência humana e descobertas arqueológicas que desafiam a história convencional. Além disso, o autor Gabit Aidarbek, em um artigo publicado em 2025, discute o conceito de *Homo intellectus* como uma fase intermediária na evolução humana, caracterizada por habilidades intelectuais excepcionais, mas sem a integração de um raciocínio moral profundo. Ele propõe que o próximo estágio seria o *Homo finalius*, que uniria intelecto e sabedoria moral. Nesse sentido, *Homo intellectus* simboliza uma transição evolutiva não biológica, mas espiritual e existencial — da mente fragmentada à consciência integral, da repetição inconsciente ao movimento intencional. Um convite à lucidez, à responsabilidade e à contribuição coletiva.

sado, compreender as forças que o moldaram e usar esse conhecimento para criar novas realidades. Assim como o ciclo das estações ensina paciência, equilíbrio e a importância de cada fase, a jornada humana é um constante plantar, cuidar, colher e recolher.

E nos dias de hoje, a metáfora das estações do ano continua tão relevante que norteia a proposta deste livro. Vivemos ciclos de desafios e conquistas, de caos e ordem, e é através da nossa capacidade de navegar por essas fases que continuamos a evoluir, tanto como indivíduos quanto como espécie. O caos primordial que outrora nos obrigava a lutar contra a natureza agora se manifesta em nossos conflitos internos, emocionais e psicológicos. Mas, assim como o agricultor confia no ciclo das estações, podemos confiar que o caos também tem seu papel na nossa transformação.

A recusa em explorar o próprio interior leva a uma vida de repetição. Sem enfrentar seus medos e desejos reprimidos, o homem fica preso em padrões comportamentais disfuncionais. Ele evita mudanças que poderiam levá-lo a uma vida mais autêntica e plena. Como resultado, o potencial de crescimento emocional é bloqueado, e ele permanece em um estado de imaturidade emocional.

Esse comportamento pode ser comparado à figura mítica de Sísifo, condenado a empurrar uma enorme pedra morro acima, e depois vê-la rolar de volta ao ponto de partida, repetindo essa tarefa por toda a eternidade. Assim como Sísifo, aquele que se nega a olhar para dentro de si mesmo está condenado a repetir os mesmos erros, ciclos e frustrações, sem nunca alcançar uma verdadeira transformação. Cada tentativa de empurrar a pedra – cada esforço de mudança superficial – acaba fracassando, porque o processo de crescimento genuíno de confrontar suas próprias sombras é evitado.

A metáfora das estações pode ser aplicada aqui: assim como a natureza passa por ciclos de crescimento, declínio (ou morte) e renascimento, o ser humano também precisa reconhecer e se adaptar aos ciclos internos de sua vida. Aquele que nega o autoconhecimento evita o "inverno" da alma — o período de introspecção e recolhimento que é necessário para o renascimento e a renovação. Como consequência, ele fica preso na negação, sempre buscando o verão, a colheita, sem passar pelo processo necessário de plantar e recolher. Como Sísifo, ele está sempre no mesmo ponto de partida, sem jamais alcançar a plenitude.

Como certa vez disse Freud, "a fuga é o instrumento mais seguro para se cair prisioneiro daquilo que se deseja evitar". Compreender que a vida e seus ciclos de nascimento, morte e renascimento fazem parte de algo maior é a entrada para a quinta estação.

Há um adágio que diz: "desperte, liberte-se e seja feliz", como na alegoria de Platão no mito da caverna, na qual o conhecimento cura, transforma e faz com que se evolua. A vida é esta jornada onde o ritmo é gana, ou seja, caminhar para frente.

Talvez a compreensão dos enigmas desta jornada e seus ciclos signifique assumir uma postura de enfrentar a tempestade quando ela vier, e não procurar um abrigo. Ao encará-la, o ser humano encontrará dentro dela ferramentas em forma de sabedoria para sair do outro lado transformado e curado.

Agora nos resta seguir e compreender as quatros estações. E, talvez, com muito esforço e vontade, enfrentar seu maior, pior e melhor inimigo: você mesmo. Nesse momento, você entenderá um ensinamento de Joseph Campbell: "A caverna que você teme entrar esconde o tesouro que você procura."

Boa viagem...

ENQUANTO VOCÊ NÃO TORNAR CONSCIENTE O INCONSCIENTE, ELE VAI CONDUZIR A SUA VIDA E VOCÊ VAI CHAMÁ-LO DE DESTINO.

CARL JUNG

2.
UMA BREVE HISTÓRIA DA HUMANIDADE – PARTE 2
Quando o Homem Domina as Máquinas e Perde-se de Si

No momento em que o ser humano conquista o domínio sobre as máquinas, e suas consequências, depois de ter dominado (ou ter a ilusão de ter dominado) a própria natureza, ele acredita ter se tornado uma espécie de "deus": na perfeita denominação de Yuval Harari, uma "evolução" do *homo sapiens* para o *homo deus*. O raciocínio segue a premissa de que, ao controlar os elementos naturais e depois criar e controlar as máquinas, o homem se distancia de sua origem, anulando a força divina que o conectava à natureza. A ideia central é que essa conquista gera uma sensação de poder supremo, mas também carrega consigo profundas consequências espirituais e sociais.

Mas até chegarmos aos dias atuais, a humanidade passou por grandes evoluções, tanto biológicas quanto culturais, tecnológicas e sociais.

Um dos primeiros marcos dessa evolução biológica humana foi a capacidade de andar sobre duas pernas. Essa mudança liberou as mãos para o uso de ferramentas e deu ao ser humano uma vantagem em termos de mobilidade e exploração do ambiente.

Com o movimento, ou seja, uma nova maneira de ver e perceber o mundo **à** sua volta, outras "funções" e "equipamentos" foram se formando nesse novo humano. O aumento do tamanho do cérebro permitiu o desenvolvimento de habilidades cognitivas mais avançadas, como a resolução de problemas, a linguagem e a criatividade.

Como já nos orientou Maslow, a criatividade vem da criança livre que habita em cada um de nós, e naquele momento em que criavam livremente sem julgamentos, sem imposição de uma forma correta de fazer, os primeiros humanos começaram a fabricar ferramentas simples de pedra para caçar, preparar alimentos e construir abrigos. Essa habilidade melhorou sua sobrevivência e sua eficiência no uso de recursos naturais.

Com o advento dessas observações, e conforme o homem ia "lendo" institivamente na escola da natureza, o controle do fogo foi uma das maiores revoluções na história da humanidade. O fogo proporcionou calor, proteção contra predadores, e a capacidade de cozinhar alimentos, o que melhorou a dieta humana e o desenvolvimento cerebral.

Com um corpo mais adaptado às novas demandas da vida, e na tentativa de compreender os novos desafios, a capacidade de se comunicar por meio de uma linguagem estruturada foi fundamental para a evolução social. A linguagem permitiu a transmissão de conhecimento, a cooperação em grupo e o desenvolvimento de culturas complexas.

Cerca de 10 mil anos atrás, a humanidade passou da vida nômade, baseada na caça e coleta, para a agricultura. A domesticação de plantas e animais permitiu que os humanos se estabelecessem em vilarejos e cidades, desenvolvendo sociedades mais complexas e especializadas.

A agricultura levou ao surgimento de sociedades sedentárias, com a formação de aldeias e, mais tarde, de cidades, criando as bases para as civilizações humanas.

Com o desenvolvimento da agricultura e a criação de excedentes de alimentos, as sociedades começaram a se estratificar e a formar civilizações organizadas, como as da Mesopotâmia, Egito, Índia e China. Estas civilizações iniciaram o comércio, o governo, a religião organizada e a arte monumental.

A invenção da escrita foi um divisor de águas, permitindo o registro de informações, a contabilidade e o surgimento de leis e literatura. As primeiras formas de escrita surgiram na Mesopotâmia e no Egito.

O domínio da metalurgia (fusão e moldagem de metais) marcou um grande salto tecnológico. Ferramentas e armas feitas de bronze e depois de ferro revolucionaram a agricultura, a guerra e o comércio, permitindo a expansão das civilizações.

Com o desenvolvimento de grandes impérios, como o Romano, o Persa e o Chinês, houve a consolidação de vastos territórios sob o controle de um único governo. Isso trouxe o desenvolvimento de infraestrutura, comércio de longa distância e sistemas legais mais sofisticados.

Na Grécia e em Roma, o desenvolvimento da filosofia e da ciência começou a moldar o pensamento humano. Filósofos como Sócrates, Platão e Aristóteles, além de cientistas como Arquimedes, provocaram avanços fundamentais na lógica, matemática, física e ética.

Entre os séculos XIV e XVII, a Europa passou por um renascimento cultural e intelectual. A redescoberta dos textos clássicos e o florescimento da arte e da ciência trouxeram novas formas de se entender o mundo e a humanidade.

Entre os séculos XVI e XVIII, a ciência moderna começou a tomar forma, com figuras como Copérnico, Galileu e Newton introduzindo o método científico e revolucionando o entendimento da física, astronomia e outras ciências.

No século XVIII, a Revolução Industrial transformou completamente a economia mundial. As máquinas a vapor, as fábricas e a mecanização da produção permitiram uma explosão na produtividade, alterando o modo de vida da maioria das pessoas e iniciando a urbanização em massa.

A invenção de trens, barcos a vapor e, mais tarde, carros e aviões, revolucionou o transporte e a conectividade global, ao mesmo tempo que o telégrafo e o telefone mudaram a comunicação.

A descoberta da eletricidade e sua aplicação na iluminação, máquinas e comunicação (como o rádio e o telefone) moldou os séculos XIX e XX.

No século XX, o desenvolvimento de computadores, a internet e a automação marcaram uma nova revolução. A informação passou a ser globalmente acessível, e os avanços tecnológicos em inteligência artificial, biotecnologia e nanotecnologia continuaram a transformar o mundo. A corrida espacial culminou com o pouso do homem na Lua em 1969, e hoje há missões contínuas de exploração de Marte e outros planetas.

***

Como podemos notar nessa breve jornada que remonta a milhares de anos, no início, o homem era apenas mais uma criatura vulnerável às forças da natureza. As tempestades, o fogo, os animais selvagens e os ciclos de plantio e colheita ditavam as regras. Foi uma era marcada pelo medo e pela dependência absoluta do meio ambiente. No entanto, com o tempo, o ser humano descobriu formas de controlar essas forças: a domesticação dos animais, a invenção da agricultura, o fogo domado. Tudo isso o levou a sentir que poderia ter o controle sobre o seu próprio destino.

O ápice dessa jornada foi a Revolução Industrial, onde o ser humano não apenas dominou as máquinas, mas também utilizou a ciência e a tecnologia para criar uma realidade onde poderia moldar o mundo ao seu desejo. No século XXI, com a inteligência artificial, essa sensação de poder absoluto aumentou. O homem se sente o próprio criador, anulando o sagrado e acreditando que pode manipular a realidade a seu favor.

Como descreve Nayan Chanda em *Sem Fronteiras*, esse processo de globalização e domínio tecnológico conecta o homem a níveis nunca antes imaginados, levando-o a acreditar que ele não apenas faz parte da natureza, mas que agora pode reinventá-la.

Porém, essa busca pelo domínio absoluto traz consigo uma desconexão perigosa. Geoffrey Miller, em *Darwin vai às compras*, diz que, no fundo, todo ser humano deseja ser importante, e para alcançar essa sensação, ele cria sinalizações custosas – símbolos de status, riqueza e poder. Desde onde mora até o carro que dirige, os restaurantes que frequenta, os destinos de suas viagens, o homem moderno constantemente busca formas de demonstrar sua superioridade aos outros, competindo e desejando TER sempre mais. Se eu moro numa casa de 300 metros quadrados e a sociedade valoriza e reconhece quem mora numa casa de 600 metros quadrados, mesmo que eu sofra, mesmo que eu não goste tanto do bairro, do condomínio ou dos vizinhos, eu quero e preciso ostentá-la. Ou o oposto: moro sozinho em um apartamento pequeno, adequado à minha realidade, mas pelo meu posicionamento profissional, espera-se que eu resida em um apartamento grande, em um prédio com um apartamento por andar, e dirija um Porsche.

Não haveria problemas se fosse por outro motivo, mas é importante se perguntar o quanto essas sinalizações custosas que a sociedade tanto valoriza trazem, de fato, felicidade e realização, ou apenas concretizam um desejo externo de status e poder, de ter para mostrar aos outros e não para atender a um desejo genuíno do seu coração, ao seu porquê.

Pertencimento, reconhecimento e afeto são necessidades básicas humanas, mas é preciso cuidado e autoconhecimento para não cair nas armadilhas da constante busca por validação externa. Quanto mais se entra nesse ciclo, mais dependente o indivíduo se torna dessas "doses" de aprovação, como reflete o conceito de dependência explorado no livro *Dopamina:* a molécula do desejo, de Lieberman e Long.

Essa necessidade de aprovação constante é uma das grandes patologias do século XXI. E para ilustrar, vou contar a história de uma médica de meia idade, uma mulher linda, bem-sucedida e que treinava triatlo todos os dias, mesmo naqueles em que deveria descansar. A sociedade a aplaudia pela disciplina, pela rotina incansável, pelo "exemplo" de constância e superação. Mas ali havia uma "pegadinha", e todos "errariam essa questão na prova": ela estava doente e ninguém percebia. Viciada em dopamina, no prazer inenarrável oferecido pelo esporte e pela admiração das pessoas, treinava em qualquer dia e horário, mesmo às sextas-feiras à noite, sábados à tarde, sem parar, mas não tinha companhia, não tinha amigos, não tinha relacionamentos. E onde residia o seu prazer? Na ânsia por aceitação.

O oposto também é verdadeiro, quando nos mantemos por comodismo ou medo em relações, empregos ou situações que não fazem mais sentido. O livro *Dopamina*, mencionado alguns parágrafos acima, também traz o exemplo de uma pessoa decidida a fazer uma dieta, mas que se rende ao irresistível aroma do bacon e do hambúrguer na chapa. Aquele cheiro a seduz e, embora seus pensamentos, dores e convicções digam o contrário, compra o sanduíche e, na primeira mordida, sente um prazer indescritível. Ela se questiona sobre como pôde passar tanto tempo longe daquele sabor que, naquele exato instante, parece o melhor da vida. A segunda mordida é boa, mas não traz a mesma sensação. E a cada nova mordida, a euforia vai dando lugar ao arrependimento até que ela se sinta uma derrotada. Sente que traiu seu método e a si mesma. E percebe que não gosta mais de hambúrguer...

Moral da história: há coisas na sua vida que você não gosta, mas você quer. E perceba: eu não estou falando sobre hambúrguer.

Essa "escravidão" pela busca do reconhecimento exterior anula a verdadeira conexão interior que o homem precisa para encontrar propósito. É a síndrome de querer mais e mais, seja em status, poder ou prazeres instantâneos, que nunca são suficientes para preencher o vazio espiritual deixado pelo abandono do sagrado.

Quando o homem é capaz de se desconectar dessa corrida frenética por validação externa, ele pode acessar estados mais profundos de consciência. O silêncio, o ato de parar, refletir e meditar, leva a um estado de contemplação, no qual se torna possível perceber que há algo muito maior do que o controle material das coisas (trataremos com maior profundidade sobre esse tema no capítulo sobre meditação). Nesse estado, surgem insights e soluções para problemas que antes pareciam insolúveis, como descrevem vários pensadores, desde filósofos gregos até formadores de opinião contemporâneos.

Se, no início, o homem acreditava que dominaria o mundo externo, a verdadeira realização acontece quando ele entende que o maior domínio que pode alcançar é sobre si mesmo. O ato de "pensar sobre o pensamento", de questionar suas próprias ações e reações, leva a uma vida mais consciente. E, à medida que esse pensar sobre o pensamento se amplia, o homem se liberta e se empodera; ele desenvolve um raciocínio mais crítico e criativo, questiona o status quo e cria soluções novas para os problemas.

O oposto disso é a conformidade social, quando a maior parte das pessoas tende a seguir normas sociais, modas e padrões estabelecidos e a ser totalmente influenciada pelo ambiente, como num efeito de manada, sem pensar sobre seus atos e comportamentos.

A busca por autoconhecimento é o caminho para o verdadeiro despertar espiritual, o que sábios como Sócrates, Buda e Jesus Cristo já pregavam em suas respectivas épocas.

Voltando à analogia das estações do ano, a primavera, simbolicamente, é o renascimento. Ao dominar as máquinas e a natureza externa, o homem tem a oportunidade de florescer em um novo nível de consciência, no qual percebe que o verdadeiro poder reside na sabedoria de entender e aceitar sua pequenez diante do cosmos. O homem, ao contrário do que imaginava, não é o criador da natureza, mas parte dela, e ao redescobrir sua conexão com o divino, ele se liberta da escravidão do ego e das ilusões de poder.

E, a partir daqui, convido-o a mergulhar um pouco mais fundo e atravessar as estações do ano com um novo olhar, conectado à sua essência e ao poder único e singular de ser quem você é, sem julgamentos e, sobretudo, sem comparações.

A FUGA É O INSTRUMENTO MAIS SEGURO PARA SE CAIR PRISIONEIRO DAQUILO QUE SE DESEJA EVITAR.

FREUD

3.
CONEXÃO ENTRE AS 4 ESTAÇÕES DO ANO E OS 12 ARQUÉTIPOS

Os 12 arquétipos clássicos, frequentemente associados à psicologia de Carl Jung e ao trabalho de autores como Carol S. Pearson, podem ser relacionados às quatro estações do ano para simbolizar os ciclos de crescimento, transformação e evolução pessoal. Cada estação representa uma fase distinta da vida e do desenvolvimento psicológico, e os arquétipos, por sua vez, refletem aspectos da jornada interna humana.

A primavera, por exemplo, é a estação do renascimento, simbolizando novos começos, esperança e crescimento. É o momento de plantar as sementes de novos empreendimentos e aspirações. A ela, estão ligados os arquétipos do Inocente, do Explorador e do Criador. O **Inocente** representa a pureza e a fé, características de quem encara a vida com otimismo. Assim como a primavera, o Inocente busca um novo começo cheio de esperança e potencial. O **Explorador** traz o desabrochar da natureza, busca novas aventuras e expansões, explora o desconhecido em busca de autoconhecimento. E o **Criador**, ligado à inovação e ao surgimento de novas ideias, está sintonizado à primavera, quando a criatividade floresce e novas criações ganham vida.

O verão é a estação do amadurecimento, onde as sementes plantadas na primavera florescem. Representa abundância, energia e a expressão plena do eu. E a ela podemos relacionar os arquétipos do Amante, do Herói e do Sábio. O **Amante** está ligado à conexão, ao amor e ao prazer, reflete a energia vibrante dessa estação mais quente; onde a paixão e a união com o outro são cultivadas; onde reside Eros, a motivação para o fogo da paixão queimar e abrir caminhos, essa energia vital que revigora e dá sentido à vida. No verão, o **Herói** atinge o auge de sua jornada, enfrentando desafios e provando sua força e coragem. Ele amadurece ao longo dessa estação, conquistando vitórias internas e externas. O verão também pode representar o momento de usufruir do conhecimento e da sabedoria acumulados, onde o **Sábio** busca a verdade e usa o aprendizado adquirido para alcançar a iluminação.

Já o outono simboliza a colheita e o começo da introspecção. É uma fase de balanço, no qual o foco está na preparação para a transição e no recolhimento. Os arquétipos relacionados são o Cuidador, o Governante e o Mago. Assim como o outono nos lembra da importância de se preparar e cuidar para o futuro, o **Cuidador** se concentra em nutrir e proteger os outros, garantindo que o crescimento da primavera e do verão seja bem preservado. Com uma energia de autoridade e liderança, o **Governante** se manifesta no outono, um período em que a ordem e a estrutura são essenciais para garantir a estabilidade e o sucesso a longo prazo. E, representando a transformação e a alquimia, o **Mago** reflete a transição do outono, quando a mudança começa a ocorrer e as energias estão focadas em transformar a realidade para atingir um ideal mais elevado.

Ao chegarmos no inverno, entramos em uma estação de introspecção, silêncio e preparação para o renascimento. É um período de recolhimento, onde os recursos são preservados e o foco está na renovação interior. Aqui, podemos relacionar os arquétipos do Bobo da Corte, do Rebelde ou Fora-da-Lei e do Órfão. O **Bobo da Corte**, no inverno, reflete o desapego e a capacidade de encontrar alegria mesmo em tempos de dificuldade. Ele traz leveza e uma nova perspectiva, lembrando-nos de rir e abraçar o caos da vida. O **Fora-da-Lei** ou **Rebelde** desafia o status quo, questionando as convenções e buscando maneiras de transformar a realidade, assim como a natureza, no inverno, traz o desafio das condições mais extremas. E o Órfão representa a vulnerabilidade e a necessidade de se reestruturar emocionalmente. No inverno, quando as condições são adversas, o Órfão simboliza a jornada de aceitação das próprias limitações e a busca por pertencimento. No inverno, ainda temos a presença de Tânato, a destruição. Imprescindível para o ciclo de nascimento, morte e renascimento, Tânato é a morte de tudo aquilo que acreditamos conhecer, é o fim da estabilidade. Se Eros e Tânato estão conectados, mas em ângulos distintos, tanto um como o outro podem ser a vida ou a morte. Mas, lembre-se, para renascer é preciso enfrentar a morte e todos os seus medos.

Essa conexão reflete os ciclos naturais da vida e o crescimento psicológico e emocional que acontece em diferentes estágios das nossas jornadas. Cada estação traz desafios e oportunidades que correspondem aos arquétipos, ajudando a estruturar o desenvolvimento humano ao longo do tempo.

PERCEBO QUE SE FOSSE ESTÁVEL, PRUDENTE E ESTÁTICO, VIVERIA NA MORTE. PORTANTO, ACEITO A CONFUSÃO, A INCERTEZA, O MEDO E OS ALTOS E BAIXOS EMOCIONAIS, PORQUE ESTE É O PREÇO QUE ESTOU DISPOSTO A PAGAR POR UMA VIDA FLUIDA, RICA E EXCITANTE.

CARL ROGERS

4.
A PRIMAVERA

Quando você pensa na primavera, quais insights ou imagens vêm à sua cabeça? E quando reflete sobre a sua vida, sobre as dificuldades, desafios, alegrias e conquistas, como poderia associá-los às estações do ano? O que representa cada um deles, em um sentido mais metafórico, para a sua experiência pessoal de vida?

Aqui, a primavera é apresentada como uma estação de empoderamento. O homem chega a ela pleno de conhecimento, mas ainda carece da sabedoria transcendente. Ele deixa de ser submisso ou escravo de uma força avassaladora e começa a dominar o ambiente ao seu redor por meio de avanços técnicos e tecnológicos.

Como já vimos em capítulos anteriores, esse processo tem ocorrido há milhares de anos, desde a Revolução Cognitiva, há cerca de 70 mil anos, passando pela Revolução Agrícola, há 10 mil anos, pela Revolução Urbana, há 5 mil anos, e pelas navegações e grandes descobertas nos séculos XV e XVI. Isso continua com a Revolução Científica, nos séculos XVI e XVII, a Revolução Industrial, entre os séculos XVIII e XIX, a Revolução Tecnológica e Científica do século XX, e as mais recentes Revoluções da Informação e Tecnológica, no final do século XX e início do XXI.

Cada uma dessas revoluções não apenas alterou o curso da história, mas também redefiniu o que significa ser humano. Com cada avanço surgiram novas oportunidades e desafios, que podem ser vistos como diferentes estações da jornada humana, cada uma com seu ciclo de crescimento, crise e renovação.

Diante de tantos avanços que nos permitem criar o que queremos, da forma como queremos, o homem passou a se sentir como um deus. Ele é o criador de tudo e vive em um mundo sem fronteiras. Após desbravar mares com embarcações e conquistar nações durante a colonização – com destaque para Portugal, Espanha e Inglaterra –, o homem dominou o comércio de especiarias e, mais tarde, a comunicação. Chegou ao mundo globalizado, dominando os espaços. Com o uso da tecnologia, ele consegue se deslocar facilmente, e, com tantos avanços, começa a dominar uma força avassaladora: a informação. Essa força se transformou em um produto tecnológico que abrange tudo para todos, com exemplos como a biotecnologia, o blockchain e os bitcoins, impressoras 3D, carros autônomos, robótica, realidade virtual e aumentada, internet das coisas... Muitas tarefas, trabalhos e profissões, teoricamente, podem ser substituídos: carros são fabricados por robôs e nossa inteligência se tornou artificial.

Na primavera, ocorre algo que considero fascinante: uma pseudo-autonomia, pseudo-independência, pseudo-autoconfiança. E por que "pseudo"? Porque nos sentimos criadores, como se não precisássemos de mais nada. Vivemos em uma ilusão na qual acreditamos que a vida é isso, e ponto. E, para piorar, temos um outro indicador: a próxima estação, o verão.

Na primavera, o homem começa a construir coisas intangíveis. Vamos pensar no empreendedor como o herói mitológico, bebendo na fonte da jornada do herói de Joseph Campbell, em obras como *O herói de mil faces* e *O poder do mito*: o herói sai da zona de conforto, enfrenta obstáculos, aprende com seus erros e volta transformado para impactar a sociedade. Assim como na mitologia, a jornada não é uma linha reta – envolve ciclos de sucesso e fracasso, como as estações do ano, exigindo resiliência, coragem e propósito. A grande lição dessa jornada é que empreender não trata apenas de ganhar dinheiro, mas de crescer como indivíduo e contribuir para o mundo. Assim como os heróis mitológicos que inspiram gerações, os empreendedores que persistem em sua jornada se tornam símbolos de transformação e legado. Suas principais características são: baixa escolaridade, especialmente quando vêm de países subdesenvolvidos, não têm sobrenome influente ou beleza, e têm poucas opções profissionais além de empreender. Historicamente, o pertencimento, reconhecimento e afeto eram privilégios exclusivos do clero e da nobreza. Para 95% da plebe, a única saída era empreender, e os empreendedores falhavam, em média, três vezes antes de obter sucesso.

Dentro desse contexto, o que é a primavera? É o retorno para casa como vencedor após se superar as adversidades. É chegar ao topo depois de um esforço gigantesco. É ser o dono de um grande legado, o herói que nasce na primavera para guiar outros, como Prometeu, o titã da mitologia grega que roubou o fogo dos deuses e entregou-o aos homens para garantir sua superioridade. E, por isso, foi severamente punido por Zeus. O mito de Prometeu traz uma imagem primordial da condição humana: a sabedoria só pode ser conquistada pelo trabalho e pela dor.

Grande parte das histórias dos heróis do século XXI tem como protagonistas pessoas simples que ascendem ao sucesso, como Silvio Santos, ex-camelô que construiu um império da comunicação, ou outros empreendedores que superaram a pobreza e tornaram-se ícones bilionários, com anos de esforço ou, em alguns casos, escolhas duvidosas.

Na era digital, há sempre um "guru" disposto a vender o segredo do sucesso, misturando fé, religião e empreendedorismo, prometendo suprir a carência humana de um "salvador" que resolva seus problemas, especialmente ligados à sobrevivência – como obter "6 em 7" (um faturamento de seis dígitos em sete dias), como alcançar o "corpo dos sonhos" em 10 passos, e assim por diante.

Há algum tempo, você vai se lembrar, tudo era franqueável. Qualquer negócio poderia se transformar em uma franquia. Era um momento de primavera, estação onde tudo prospera. No entanto, se olharmos para o ciclo de vida das nações e economias, percebemos que tudo é cíclico. Ou seja, a primavera é uma estação, mas ela também passará. A Bíblia ilustra isso com o sonho do faraó, interpretado por José como "sete anos de vacas magras e sete anos de vacas gordas", ou seja, sete anos de fome e escassez alternando com sete anos de fartura e abundância. Por isso, é preciso se preparar para os tempos ruins, sendo previdente e guardando para os tempos difíceis, porque o inverno chegará.

ÉPOCA DE GUARDAR

A primavera é uma estação de plenitude e força. Vamos pensar nos principais consumidores dos veículos Porsche, por exemplo: homens acima dos 50 anos, em busca de afirmação da sua potência, mesmo que o vigor físico tenha diminuído. Não raro, estão em processo de divórcio e usam o carro para sinalizar poder econômico, oferecendo segurança e status, em especial para as mulheres mais jovens. Isso é uma analogia para a primavera: a tentativa de prolongar essa juventude e negar a velhice, que simboliza o inverno. E, se ele tiver sorte, a velhice vai chegar.

O desejo de esticar essa primavera também está ligado ao aumento de cirurgias plásticas e procedimentos estéticos, como uma forma de retardar as estações de declínio, como o outono e o inverno.

Lembro do quintal da casa da minha avó. Na primavera, o pé de mexerica estava carregado, e podíamos escolher à vontade. Mas havia uma época em que só havia uma ou duas mexericas, e era preciso subir na árvore e enfrentar os espinhos para colhê-las. Na primavera, não há essa responsabilidade, as coisas fluem, começam a dar certo, e queremos colher os frutos sem pensar no futuro.

O verão, estação que será abordada no próximo capítulo, não é uma estação de plantar, mas de manter o que foi conquistado. Com ela, vem a ansiedade e o medo de perder o status e a ascensão obtidos. Isso gera comportamentos como endividamento, hipotecas, e decisões imprudentes, tudo para prolongar essa fase, numa tentativa de negar a morte inevitável.

A pergunta que surge é: o que você vai fazer com o tempo que lhe resta? Não espere que chorem quando seu corpo estiver estendido. Quando eu morrer, quero que escrevam no meu túmulo: "Eu não estou aqui mais". Ou seja, é preciso viver o hoje.

Certo dia, encurtei uma reunião de trabalho em meia hora para buscar o aparelho ortodôntico perdido da minha filha, que acabava de ser encontrado no shopping. Expliquei ao meu interlocutor que precisava resolver uma questão urgente e ele me perguntou qual era a urgência. Expliquei, e ele voltou a me questionar: "Mas isso é urgente?" E eu disse, "Sim, é urgente porque é importante para a minha filha".

Ele parou, pensou e respondeu: "Faz todo sentido. Vou aproveitar e pegar a minha filha mais cedo na escola e tomar um sorvete. Obrigada por isso!"

Sempre farei minha parte como pai, financeiramente falando, mas sem deixar de viver o agora com amor e qualidade de presença. Nem tudo é dinheiro.

Por isso, se você ama, diga que ama. Não guarde mágoas. Esteja em paz, para que, quando a hora chegar, saiba que fez tudo o que podia.

Lembro-me ainda dos enigmas da vida, um deles quando um homem preso injustamente foi chamado para dar paz a um faraó, que estava angustiado, perdendo o sono por um sonho recorrente. José, no alto de sua sabedoria e na simplicidade que via na vida, em suas notas e tons, fez o faraó entender sobre a capacidade de planejar. E compreender que a vida é composta por ciclos, e que, assim como a estação em que estavam acostumados a ser o centro do mundo na produção de riquezas e alimentos, isso tudo um dia iria ruir. Então, eles se prepararam para os dias difíceis e, com a sabedoria de um homem simples, e a humildade de um faraó, uma nação foi salva.

Trata-se da vida e de seus desafios, e não de se negar os dias difíceis, sobre a finitude do tempo de Kronos, e outras infinitas oportunidades que aparecerão quando estivermos despertos para compreender a vida e seus ciclos.

A vida é simples, e, com suavidade, você pode sacudi-la.

QUANDO A DOR DE NÃO ESTAR VIVENDO FOR MAIOR DO QUE O MEDO DA MUDANÇA, A PESSOA MUDA.

FREUD

5. PARALELO ENTRE O EMPREENDEDOR E O HERÓI MITOLÓGICO

O sol nascia a leste como em todas as manhãs há milhares de anos, mas, naquele dia, havia algo de diferente. Na rotina do reino, na vida da Realeza, dos seus súditos e das pessoas comuns, a plebe.

A notícia que corria era a de que um feroz dragão, a mando de um grande feiticeiro, havia raptado a princesa, única filha do rei. Logo houve uma proclamação real: aquele que trouxesse a princesa de volta e segura teria direito a se casar com ela e, por conseguinte, também seria o próximo rei.

Os mais nobres cavaleiros de distantes reinos foram chamados, mas, postos a prova, todos falharam. O desespero tomou conta de todo o povo.

Mas distante da agitação, dos holofotes da mídia, lá no campo, mais precisamente em um estábulo cuidando de seus afazeres, estava o esquecido e excluído Átila.

Nesse momento, Átila sentiu algo diferente no ar; sua intuição o chamava para algo maior, um sentimento de se candidatar para ir à procura da princesa, mas ao mesmo tempo o medo e a incerteza o apequenaram e, parado, ele refletia sobre seus pensamentos.

À noite, ouviu os conselhos de seu pai, homem simples, e foi dormir. E teve um sonho revelador: salvava a princesa e tornava-se um grande rei justo.

Ao amanhecer, seguiu sua rotina de sempre, no estábulo, cuidando de suas obrigações, quando, de repente, um velho homem entrou e convidou-o para uma jornada sem garantias de sucesso, mas que poderia lhe render uma grande realização. Era Merlin, o mago.

O jovem Átila aceitou e Merlin lhe presenteou com uma espada mágica e um capuz para que, quando fosse preciso, ele se tornasse invisível.

Atila virou motivo de chacota por todo o reino. Até as peças de teatro relatavam com descaso e humor sua aparente loucura. Mesmo assim, ele seguiu, mas nas primeiras adversidades pensou em desistir. Ao longo da viagem de volta, triste, encontrou uma sapiente mulher, que dividiu com ele sua sabedoria e visão da vida. Átila agora, com mais motivação, seguiu ao encontro do seu destino. Deu meia volta e partiu para o resgate.

Depois de ser derrotado três vezes pelo dragão, ele lembrou da espada e do capuz mágico e, finalmente, venceu o monstro e resgatou a princesa.

Já imaginando toda a sua glória, riquezas e uma forma de fazer seu reino justo, encontrou no retorno o seu maior inimigo, algo inimaginável, onze vezes mais poderoso que o dragão e, nesse enfrentamento, depois de uma longa batalha, Átila sucumbiu e morreu. O feiticeiro feliz pegou a princesa em suas mãos, mas, de repente, algo surpreendente acontece. Em um dos bolsos do capuz havia um pequeno recipiente. Uma ave que à espreita observava tudo voou sobre seu corpo, abriu o recipiente e colocou o conteúdo em seus lábios. Com um único gole, ele ressuscitou e eliminou seu inimigo, o feiticeiro.

Átila voltou ao reino, casou-se com a princesa, foi colocado à mesa com os poderosos do reino e tornou-se o novo rei, justo, aclamado por todo povo.

É claro que a conclusão de que viveram felizes para sempre não "orna" com Átila, que seguiu enfrentando novos desafios até o fim de sua vida.

A história parece um conto de fadas, mas seus eventos, as fases e o enredo permeiam a vida de milhões de empreendedores, principalmente em nosso país.

Segundo pesquisas da ONU, empreendedores de sucesso possuem três características comuns: baixa escolaridade; não têm sobrenome influente (pessoa comum) e "quebram" em média três vezes antes do sucesso. Nosso herói falhou três vezes antes de vencer, e há nesses comportamentos comuns o movimento de ir ao encontro do destino, ou como queiram, dos desafios que levam à realização.

É a pessoa comum que permeia o inconsciente coletivo, como o ex-sorveteiro que hoje tem uma franqueadora de sorvetes, o ex-pedreiro, que atualmente é dono de uma das maiores construtoras de uma determinada região, ou ainda o ex-sapateiro, que se tornou um dos maiores varejistas do pais.

Histórias como estas nos encantam, motivam, fazem-nos acreditar em contos de fadas e a questionarmo-nos sobre quando será a nossa vez. Não à toa, hoje em dia são vendidos muitos cursos para se tornar milionário ou ser famoso da noite para o dia. Esse desejo pelo sucesso, principalmente rápido, está em nosso DNA. Então, não se trata de uma simples alegoria, mas sim de como temos funcionado ao longo dos tempos, sem questionar, ou ainda trazer luz a todo esse processo.

O HERÓI DOS NOVOS TEMPOS

Coube a ele, o empreendedor, ser este grande herói do século XXI e uma das maneiras mais interessantes e instigantes de contar sua trajetória é descrevê-la seguindo as etapas da jornada do herói.

Tudo começa com um sonho. Assim como um herói sente um chamado para sair de sua zona de conforto, o empreendedor sente uma inquietação interior. Pode ser a insatisfação com o status quo, uma ideia inovadora ou uma necessidade urgente de resolver um problema. Aqui, surge o "chamado" para se começar algo novo. Exemplo: um profissional que abandona um emprego estável para criar uma *startup*. E fazendo paralelo com um mito, seria como Ulisses sendo chamado para a Guerra de Troia ou Prometeu decidindo roubar o fogo dos deuses.

O desafio inicial é abandonar a segurança do mundo comum e assumir riscos. Nem todos atendem ao chamado e muitos têm medo de falhar.

Muitos heróis hesitam no início, e o mesmo ocorre com os empreendedores. As incertezas, críticas externas e o medo do fracasso fazem parte dessa fase. Nesse momento, surgem perguntas comuns como, "Será que sou capaz?"; ou, "E se der errado?". O paralelo com o mito seria como Jonas na Bíblia, que tenta fugir de seu destino, ou Hércules, relutante em aceitar seus trabalhos.

Depois surge a "voz da experiência". Como um herói encontra guias e mentores que lhe fornecem orientação (Gandalf para Frodo, ou Yoda para Luke Skywalker), o empreendedor também busca ajuda – seja por meio de mentores, cursos ou livros. Os mentores modernos são consultores, gurus, investidores-anjo ou até autobiografias inspiradoras de grandes empreendedores. E a grande mensagem é: "Você é capaz. A jornada será difícil, mas vale a pena".

Na travessia do limiar, o empreendedor finalmente se lança no mercado, saindo da zona de conforto. Essa é a fase em que o plano se transforma em ação; ele abre o próprio negócio, lança um novo produto ou conquista o primeiro cliente. O paralelo mitológico é Hércules partindo para cumprir seus doze trabalhos ou Moisés atravessando o Mar Vermelho com seu povo. A travessia não é simples, tampouco fácil. Envolve insegurança e caos – burocracia, dificuldades financeiras e um mercado hostil.

O herói enfrenta obstáculos e inimigos em sua jornada, assim como o empreendedor lida com concorrentes, limitações financeiras, lentidão nos processos e falta de apoio. Essa fase envolve uma sequência de provações. Encontra tanto aliados (parceiros, colaboradores, clientes fiéis, investidores) como inimigos (concorrentes, crises econômicas, e até o próprio medo do fracasso). O paralelo mitológico é quando Perseu enfrenta Medusa, ou Teseu navega pelo labirinto.

E eis que é chegada a hora da provação suprema, da grande crise. Todo herói precisa passar por um momento decisivo em que sua resistência e coragem são testadas ao extremo. No empreendedorismo, isso pode ser uma falência, uma decisão difícil ou uma crise inesperada. Exemplo: uma *startup* quase fechando por falta de investimento, ou uma empresa enfrentando um escândalo de imagem. O paralelo mitológico é o momento em que o herói é derrotado temporariamente – como quando Ícaro cai por se aproximar demais do sol. A superação dessa fase leva à maturidade. É aqui que o empreendedor aprende a falhar rápido, reerguer-se e transformar crises em oportunidades.

Depois de superar os obstáculos, o herói ganha sua recompensa. No caso do empreendedor, essa recompensa pode ser lucro, reconhecimento, liberdade pessoal, ou um legado duradouro. Um exemplo são empresas como Apple ou Tesla, que começaram pequenas e tornaram-se ícones globais. E o paralelo mitológico seria Jasão, que obtém o Velocino de Ouro, ou Prometeu, que entrega o fogo à humanidade.

A próxima fase é quando o herói retorna ao mundo comum, mas agora transformado. O verdadeiro propósito de sua jornada era transformar a si mesmo e ao mundo ao seu redor. Da mesma forma, o empreendedor bem-sucedido se torna mentor e inspiração para outros, compartilhando sua experiência. Bill Gates ilustrou isso bem ao deixar o comando da Microsoft para se dedicar à filantropia. E o paralelo mitológico é Odisseu, que retorna à sua terra natal como um homem mais sábio e restaurador da ordem.

Assim como os heróis mitológicos deixam um legado, os empreendedores que superam seus desafios transformam não só suas vidas, mas também a sociedade. E eles são heróis modernos porque arriscam o fracasso, desafiam as probabilidades e criam algo do nada. Elon Musk, por exemplo, não apenas fundou empresas, mas alterou paradigmas em setores como energia e transportes. Seu paralelo mitológico é Prometeu. Assim como ele deu o fogo à humanidade, os empreendedores modernos trazem novas tecnologias e soluções para a sociedade.

Mas, assim como terminamos a história de nosso herói Átila, bem diz a música de Ana Carolina e Seu Jorge, "é isso aí, os passos vão pela rua. Mas ninguém reparou na lua, a vida sempre continua".

Como na vida de Átila, não há um final feliz, e essa garantia não existe, seja na história dele, seja na dos empreendedores. O desafio superado é apenas mais uma etapa de um dos inúmeros papéis que ele(a) tem em sua vida.

É justamente nesse ponto de retorno que encontramos uma semelhança com o mito de Prometeu. Como castigo, os deuses, com Zeus à frente, condenaram-no a ser acorrentado no alto do monte Cáucaso, onde, todos os dias, um corvo dilaceraria um pedaço de seu fígado. O castigo seria eterno, pois o fígado é o órgão com maior capacidade de regeneração no corpo humano. Segundo a filosofia oriental, o fígado também é responsável por manter o fluxo de energia vital do corpo, e seu papel mais importante é o equilíbrio emocional.

Logo, atrevo-me a dizer que um dos maiores distúrbios patológicos do corrente século entre homens e mulheres está relacionado às emoções.

Então, como voltar à vida cotidiana, à nossa família, aos amigos, sem correr o risco de sofrer com a intensidade das emoções, e às vezes acreditar que o efêmero sucesso é, na realidade, uma ilusão ou uma maldição?

A resposta está na jornada deste livro!

INFÂNCIA
É QUANDO AS PORTAS SÃO
FECHADAS
E ABERTAS AO MESMO
TEMPO,
É QUANDO ESTAMOS
METADE NA LUZ
E A OUTRA METADE NA
ESCURIDÃO,
É QUANDO O MUNDO REAL
CHAMA
E PREFERIMOS OUTRO...

MARIO QUINTANA

6.
O VERÃO

Era o mês de dezembro, havia no ar a atmosfera de um ciclo se encerrando, e também de uma nova estação se aproximando, talvez a mais esperada, pois o sol, astro rei, faria sua exibição de gala nos dias vindouros.

Nesse clima e expectativas, Pedro, com seus 32 anos, estava pensativo. Ele tinha uma pequena empresa de conservas, e sabia historicamente que suas vendas eram sazonais e influenciadas pelas estações do ano.

Pedro estava ansioso pelas férias do fim do ano, mas também o motivo de sua inquietação era ainda mais profundo. Seu sonho de empreender já tinha cinco anos. Abria mão de alguns luxos, viagens e vivia a dor profunda pelo rompimento de seu relacionamento com a Bia... Isso ainda doía.

Mas "a vida é feita de escolhas" era seu mantra. E, assim, seguia sua vida sem notar que o tempo estava passando a um ritmo alucinante.

Havia ainda outras preocupações. Por vezes ele refletia sobre a vida dos pais, separados e infelizes há muitos anos. Para piorar, Sr. Mario, seu pai, havia sofrido um infarto alguns meses antes enquanto trabalhava, episódio que o deixou acamado por um longo período. Por isso, o homem ativo de antes não existia mais.

Em suas indagações, ele refletia: "Afinal, o que é a vida? Será que seguirei os passos de meus pais?" Ele percebia, às vezes, certas semelhanças físicas, e outras em seus comportamentos, como se as histórias estivessem sobrepostas.

Mas o dia das tão sonhadas férias chegou... De malas prontas, lá se vai Pedro rumo ao destino tão aguardado.

Pedro, metódico e muito bom de planejamento, escolheu no início do ano passar três semanas em uma praia no sul do país. "Agora que estou livre, solteiro, quero aproveitar a vida," dizia ele. Mas Pedro levou consigo seu notebook, seu celular profissional (ele tinha dois), e deixou seu líder, Jorge, avisado: "qualquer problema na empresa, me ligue".

Após dois dias, já sentia o que escreveu Schopenhauer: "A vida é uma constante oscilação entre a ânsia de ter, e o tédio de possuir".

Pedro estava inquieto, ansioso. Olhares constantes no celular, espiadas nas notícias, ligações para Jorge, e sua mente divagava entre o passado e a ansiedade do futuro. Pedro não estava lá. Seu corpo estava; sua mente e alma não. Pensava em Bia, no amor que ainda sentia, em seus pais, na estação vindoura, talvez no impacto econômico pela redução da produção e das vendas e na imagem de que o tempo estava se esvaindo entre seus dedos.

Pedro, embora sadio, sem problemas financeiros, um rapaz jovem e bonito, tinha picos de ansiedade extremos, que o levaram a voltar para casa e à sua rotina mais cedo. Em suas redes sociais, havia fotos e vídeos demonstrando lugares, comidas e bebidas. Suas postagens tinham milhares de visualizações, centenas de curtidas, e dezenas de comentários. Pedro era popular, tinha um padrão invejado pela maioria da audiência que vê e acredita na vida vivida pelas lentes e filtros da internet. Mas, na realidade, dentro da sua mente, do seu coração e da sua alma, Pedro vivia uma tristeza profunda. Mesmo cercado pela multidão, sentia-se só.

A ETERNA BUSCA POR STATUS E RECONHECIMENTO

Os arquétipos do inconsciente coletivo, como descrito por Jung, nos ajudam a compreender por que seguimos determinados padrões e buscamos certos ideais ao longo da vida. No contexto de uma sociedade tropical, capitalista e ocidental como o Brasil, vivemos imersos na busca por status e reconhecimento. O arquétipo do herói, que no passado enfrentava monstros e deuses, hoje se manifesta no empreendedor de sucesso, que precisa exibir uma "sinalização custosa" – símbolos materiais de poder, como carros de luxo, ou momentos de alegria e conquista postados nas redes sociais. É o "mito do verão", a estação em que devemos brilhar, mostrar vitalidade e produtividade sem descanso.

O verão, assim como o empreendedor moderno, representa essa necessidade de constante ascensão. Não há espaço para pausa ou inércia: é preciso produzir, ser jovem e belo, e se destacar. Celebramos nossas vitórias, até mesmo transformando eventos como um divórcio em festas, como se a liberdade ou a superação de um relacionamento fosse apenas mais um troféu. Afinal, o verão é a época da euforia, da exibição e da performance. Mas a pergunta que surge é: estamos realmente vivendo com propósito, ou apenas seguindo um modelo imposto pelo inconsciente coletivo?

A ideia de propósito se tornou uma obsessão recente. No "mercado de propósitos", todos parecem buscar o mesmo: encontrar um sentido para a vida. Mas será que esse propósito é verdadeiramente nosso? Ou estamos apenas reproduzindo um ideal coletivo, como uma maré que leva todos para a mesma direção? No fundo, a pergunta essencial continua: *Por que estou aqui?*

A história de Jó, na Bíblia, oferece uma reflexão valiosa. Quando Deus permitiu que Jó perdesse tudo, não foi para que Ele próprio testasse a fé de Jó, pois Deus já conhecia o seu coração. A provação existiu para que o próprio Jó descobrisse a profundidade do amor divino. Essa dinâmica revela que quem exige provas de amor é o homem, não Deus. A experiência de Jó é um convite para se entender que o verdadeiro aprendizado está nas estações da vida – nos altos e baixos inevitáveis – e não nas conquistas materiais ou sociais.

Assim como o verão não dura para sempre, nós também precisamos aceitar os ciclos da existência. Se uma partícula pode criar o caos, como vimos durante a pandemia, por que não acreditar que uma partícula de bondade pode gerar o oposto – uma cura, uma transformação positiva? Cada um de nós é apenas uma gota no oceano, mas, como dizia Madre Teresa de Calcutá: "*O que eu faço é uma gota no meio do oceano, mas, sem ela, o oceano seria menor*". E assim como cada verão é seguido por outras estações, nossa missão é aprender a navegar pelos ciclos, deixando não apenas riqueza material para nossos descendentes, mas um legado que ressoe no coração e na alma das próximas gerações.

O ASTRO REI

O verão nos lembra da importância de brilhar e produzir, mas também nos ensina que precisamos estar atentos aos sinais de mudança. Afinal, a verdadeira força não está apenas em manter o calor constante, mas em saber quando é hora de acolher as outras estações e encontrar propósito em cada uma delas.

Nós, latinos, especialmente nos países tropicais, vivemos com uma obsessão pelo prazer e pela validação social, como Zygmunt Bauman (2001) sugere em suas reflexões sobre a sociedade líquida. Queremos sempre estar na "primavera" e no "verão" da vida, evitando qualquer contato com as estações que remetem à introspecção ou ao declínio, representadas pelo outono e inverno. Há uma busca constante por aceitação e reconhecimento, frequentemente alimentada por metas que nem sequer são para nós mesmos, mas para o olhar alheio: ter o melhor carro, a melhor casa, o melhor relógio (nenhum problema em relação a isso, desde que sejam desejos alinhados ao seu porquê e não para impressionar os outros). Isso gera ansiedade e desconexão com a natureza cíclica da existência, que exige momentos de pausa e renovação para se alcançar novos níveis de maturidade e consciência.

O empreendedor, em seu auge, vive o "verão" de forma intensa, irradiando uma energia que muitas vezes os outros não compreendem. Nesse estado, ele pode perder a noção de limites, buscando excessos — seja em drogas, traições, ou refúgio em ideologias religiosas. A potência desse "sol" que o impulsiona também o queima, levando ao colapso emocional ou à destruição de relações significativas, como o casamento.

Esse ciclo se assemelha ao mito de Sísifo, condenado a repetir eternamente a tarefa de empurrar uma pedra montanha acima. Mesmo no fracasso, há uma força vital que persiste, empurrando o empreendedor a reconstruir e buscar novas primaveras. Jung chamava esse processo de individuação — o despertar para o "Self", um estado mais elevado de consciência. Porém, sem orientação, muitos ficam presos em *loops*, buscando significado em coisas externas que apenas mascaram o vazio interno.

No entanto, o que muitos de nós não percebemos é que toda energia, seja criadora ou destrutiva, é a mesma. Assim como uma floresta devastada por um incêndio renasce ainda mais forte após alguns anos, a mesma força que pode destruir pode também ser redirecionada para construir algo novo. A mitologia e a história mostram essa transformação. Pedro, que negou Jesus, e Paulo, que perseguia cristãos, converteram suas energias e tornaram-se pilares da Igreja. A chave não é suprimir a força, mas direcioná-la conscientemente para algo positivo e significativo.

Carl Rogers nos lembra que a busca fundamental do ser humano é por se sentir importante. Na sociedade contemporânea, muitos veem essa importância ligada a bens materiais e ao status: carros luxuosos, viagens ao exterior e a necessidade de exibir conquistas.

Essa sinalização social é uma forma de esconder o medo da própria insignificância. Como um viciado em cocaína, por exemplo, que precisa de doses cada vez maiores da droga para obter o mesmo efeito, nós também nos tornamos viciados em validação externa. Na nossa sociedade, onde o "ter" frequentemente supera o "ser", essa lógica é ainda mais intensa.

A compreensão verdadeira vem da aceitação dos ciclos e da consciência de que todas as pessoas, independentemente de sua posição, têm algo a ensinar. E, assim como no xadrez, no final da vida, todas as peças — rainha ou peão — vão para a mesma caixa. A sabedoria está em abandonar julgamentos e acolher o outro em sua pequenez, compreendendo suas limitações sem tentar corrigi-lo. Ao fazer isso, nós nos elevamos e passamos a inspirar pelo exemplo, impactando positivamente quem está ao nosso redor.

O verão é sedutor, mas ilusório. Vivemos nele como se fosse eterno, ignorando que o outono se aproxima e trará consigo a necessidade de abandonar coisas que construímos. A tentativa de prolongar o verão — acumulando dívidas, mantendo uma imagem que já não nos pertence, e temendo o declínio — é um reflexo da nossa negação da morte e da transitoriedade.

Assim como na maratona, ao alcançar o quilômetro 33, sabemos que a linha de chegada está próxima, mas nos recusamos a aceitar. Essa metáfora nos lembra que o tempo é finito e que devemos viver plenamente agora, sem guardar palavras ou sentimentos. É preciso buscar momentos significativos — como a decisão de um pai de encurtar uma reunião para buscar a filha e tomar sorvete — porque essas são as experiências que realmente importam.

Não dá para ignorar que o verão é a estação da alegria, do calor e da euforia; é sinônimo de férias e diversão. Contudo, as estações mudam, e hoje, brinca-se com a expressão "Haverá sinais..."

para indicar que algo está prestes a se transformar. Recorrendo a essa analogia, assim como as folhas começam a cair anunciando a chegada do outono, mudanças sutis também ocorrem nas empresas, nos relacionamentos e na vida pessoal.

Um negócio, por exemplo, pode dar sinais de transição: fluxo de caixa negativo, clientes perdidos, colaboradores insatisfeitos. O entusiasmo do início se esvai, e o empreendedor mal pode esperar que o mês acabe. Esse ciclo lembra o **provérbio africano: "Espero que, quando a morte vier te encontrar, ela te encontre vivo".** O outono é o prenúncio do inverno, que simboliza a morte — não necessariamente física, mas simbólica, a morte de um ciclo. Assim, é fundamental identificar esses sinais para agir a tempo.

O mesmo ocorre nos relacionamentos amorosos. Quando o casal para de se tocar, de se beijar, e toda a conversa gira em torno de filhos ou finanças, há indícios de desgaste. **Sem afeto, sem ocitocina, sem cuidado mútuo, a conexão vai se perdendo.** Aquele corpo que antes despertava paixão e desejo agora é negligenciado e, sem perceber, surge uma abertura para outras pessoas oferecerem a atenção que faltava. Mas isso não significa que o amor acabou — significa que a relação precisa de uma nova fase de nutrição e adaptação.

Minha paixão pela natureza me ensina sobre esse processo. Tenho uma planta em casa, e todos os dias observo, rego, e cuido dela com afeto. Esse relacionamento de troca e atenção a mantém viva e vibrante. Agora, imagine o quanto isso se aplica aos seres humanos e às conexões que construímos uns com os outros.

Os sinais estão sempre presentes. É preciso rever nossos relacionamentos, tanto na vida pessoal quanto no trabalho, entendendo que as estações são inevitáveis. Aquele corpo que um dia desejei mudou depois de gerar filhos e carregar responsabilidades... E enquanto o mundo exalta corpos perfeitos na TV, preciso ressignificar minha visão e lembrar que **esse é o corpo que me acompanhou até aqui, que merece valorização, não comparação.**

Essas fases também ocorrem na vida, nos relacionamentos e nos negócios. **Aceitar cada estação sem resistência é essencial.** Quando lutamos contra elas, sofremos mais. A compreensão liberta, e a aceitação do ciclo nos prepara para seguir em frente.

Para atravessar essas fases, é necessário ter recursos internos: amor próprio, paciência e resiliência. **Se não nos nutrirmos primeiro, como poderemos nutrir os outros?** Sem amor por nós mesmos, qualquer esforço se torna exaustivo, e o esgotamento pode culminar em depressão ou doenças físicas. Por isso, assim como no outono armazenamos provisões para o inverno, precisamos cuidar de nós mesmos e de nossos relacionamentos para resistir às fases mais desafiadoras da vida.

O despertar dessa consciência exige muito trabalho, mas é libertador. E o empreendedor consciente é mais do que um criador de riqueza: ele é um agente de transformação social. Com a responsabilidade de liderar pessoas, pode iluminar a vida de seus funcionários e impactar positivamente suas famílias e comunidades. Sua jornada é muito mais significativa do que a simples realização de metas; o que realmente o mantém íntegro e apaixonado é a própria caminhada.

Freud já dizia que a massa nunca quis a verdade. A massa precisa de uma ilusão, de uma hipnose para suprimir a dor da existência e a responsabilidade de compreendermos que somos os únicos que podemos mudar isso, despertar e sair desta caverna onde sombras são narradas com enredos lúdicos e tomadas como verdades absolutas e acorrentam-nos em prisões que só existem em nossas mentes.

Comecei a me libertar quando percebi que as grades dessa prisão eram feitas apenas de pensamentos.

NUNCA É TÃO ALTO O PREÇO A SE PAGAR PELO PRIVILÉGIO DE PERTENCER A SI MESMO.

NIETSCHE

7.
O QUE É MAIS IMPORTANTE? A CONQUISTA OU A JORNADA?

Cronos, ou Crono (em grego Krónos), deus do tempo, rei dos Titãs (o mais jovem deles), filho de Urano, o céu estrelado, e Gaia, a terra. Segundo a mitologia grega, Cronos devorava os próprios filhos para que nenhum deles pudesse um dia lhe roubar o trono.

Nesse olhar para um tempo finito, de maneira contemporânea, marcamos a própria vida com unidades de medidas... Segundos, minutos, horas, dias, semanas, meses, ano...

E o que fazemos com esse tempo? Usamos para fazer a diferença ou apenas reproduzimos padrões? Há uma pesquisa que diz que 95% dos seres humanos são processadores e apenas 5% são pensadores. Na composição, a pesquisa indica três pontos cruciais que separam um pensador de um processador, a saber:

- Metas – pensadores determinam para onde querem ir, elevam sua consciência dentro desse espaço e tempo, não aceitam o destino como final e influenciam a forma de enxergar o mundo à sua volta. Não distante dessa nova visão, há um adágio que diz, “onde os outros veem problemas, eles veem oportunidades”, ou seja, têm uma visão de futuro clara e específica.

- Planejamento – como estruturam seus pensamentos, os pensadores pensam antes de agir, utilizando quatro etapas fundamentais. A primeira tem uma proposição (insight). A segunda uma deliberação, uma busca de informações. A terceira é a decisão, avaliando e reduzindo os riscos, mas se colocando em uma situação de desafio. A quarta é o fazer, ativando a coragem que poucos têm, pois nesse ato assume os riscos de possíveis erros e enfrenta o medo ao decidir e agir.
- Uma carta de valores e princípios da qual não abrem mão por nada. Isso norteia a sua vida e pauta aquilo que mais importa: a busca por verdade, justiça, liberdade e paz.

Então, ao ler até aqui, refletir sobre os três componentes de um pensador, e chegar à conclusão de que não possui essas características, é provável que você esteja na posição de processador.

Afinal, o que faz um processador? Quais são as suas escolhas e responsabilidades? Nenhuma. Um processador não pensa, apenas entra na frequência do meio, da mente coletiva, absorve tudo como grandes verdades, pauta nelas suas escolhas, não questiona e ainda critica quem faz o contrário. O que vai comer, beber, a roupa que vai vestir, a casa, o carro, nada foi decidido por ele, mas por outras pessoas que sequer conhece.

A letra de uma música da banda Titãs diz, “o acaso vai me proteger, enquanto eu andar distraído”. Aliás, essa música tem o nome sugestivo de *Epitáfio*, que significa mensagem fúnebre, aquelas que culturalmente colocamos nas lápides. E é entre a primeira respiração, quando chegamos a este plano, e a última, onde há de haver o epitáfio, que ela surge: a Jornada.

Nesse espaço dominado por Cronos, o deus do tempo, onde é comum ouvirmos que “o dia está passando rápido demais”, “meu dia deveria ter 48 horas”, ele, o tempo, nos devora.

Estamos viajando em uma velocidade inadequada nesta rodovia chamada vida, cujo destino não é necessariamente a morte, mas onde, na hipnose deste mundo e sem a sua compreensão, clama-se por ela todos os dias; sim, pela morte.

Há pedidos para que as segundas terminem, para que a semana acabe, para que o fim de semana chegue. Inconscientemente, pede-se para que o Epitáfio com sua mensagem, enfim, se concretize.

A jornada é apenas os ciclos da vida, chamando para um outro nível de consciência, para que desperto, assim como na natureza, o tempo não pare. Mas o ponto é outro, pois se a própria vida não para e terá continuidade sem a sua presença neste plano, qual o motivo de tanta pressa? Por que então não aproveitar a jornada e suas dimensões de cheiros, sabores, texturas e pessoas? Por que se apequenar por pensamentos antecipatórios, que na maioria das vezes sequer acontecem? Como bem disse Sêneca, um dos filósofos estoicos, "sofremos mais na imaginação do que na realidade".

Pelas experiências, as chegadas, as conquistas são importantes. Mas elas duram efêmeros minutos, em geral. A jornada narrada, contudo, dura uma vida, e influencia os que ouvem. Esse, talvez, seja o nosso maior legado.

Talvez despertos na trilha da jornada, como caminhantes atentos, exercitemos etapas que nos elevem a um outro nível de consciência. Aprendamos nela que a paciência nos leva ao silêncio; o silêncio à meditação; e a meditação à contemplação. E nesse estado de consciência contemplativa a vida fica mais leve, com significados alinhados com uma força maior. É nesse momento que as respostas às nossas dúvidas se revelam, e compreendemos os segredos da vida.

E nessa jornada, da qual somos convidados a participar, na maioria das vezes, pelo medo das incertezas, declinamos os convites e preferimos ficar como coadjuvantes, ou na plateia torcendo, vaiando ou aplaudindo os que se atrevem a ir.

Mas, como dizia Sartre, "o ser humano está condenado a ser livre. Condenado porque não criou a si próprio, porém livre porque, uma vez lançado ao mundo, é responsável por tudo o que fizer". Para ele, é assim que o ser humano se faz humano, pelo conjunto de decisões que adota em seu dia a dia, sem desculpas do que poderia vir a ser. Eis a jornada.

E como Alice, que, fugindo de sua realidade, ouve e vê o coelho e atreve-se a segui-lo rumo ao desconhecido, teme.

Ao temer, chora, e como uma criança em busca de apoio e ajuda, de conforto e proteção, é atendida pela vida, que, com sua linguagem, diz.

— Por que choras menina?

— Por que estou perdida — responde Alice.

A vida, na forma de um gato, lhe diz.

— Isso é fácil de resolver. — E mostrando várias portas, diz. — Para ondes vais?

E ela, ainda chorando, mesmo com as soluções propostas pela própria vida, diz.

— Eu não sei!

Sabiamente, a vida lhe responde:

— Então, entre por qualquer porta, pois se não sabes para onde vais, qualquer caminho serve.

Eis a travessia. Como na Jornada do Herói, apresenta-se e convida-o a entrar por essa porta e, desta vez, seguir desperto. O medo será sua companhia, a incerteza tomará conta de ti inúmeras vezes. Mas também, à medida que caminhar, encontrará ferramentas, insights, conhecimentos que te alegrarão a alma.

E aí, para onde vais?

DIZEM QUE, ANTES DE ENTRAR NO MAR, O RIO TREME DE MEDO. OLHA PARA TRÁS, PARA TODA JORNADA QUE PERCORREU, PARA OS CUMES, MONTANHAS, PARA O LONGO CAMINHO SINUOSO QUE TRILHOU ATRAVÉS DE FLORESTAS E POVOADOS, E VÊ À SUA FRENTE UM OCEANO TÃO VASTO, QUE ENTRAR NELE NADA MAIS É DO QUE DESAPARECER PARA SEMPRE. MAS NÃO EXISTE OUTRO JEITO. O RIO NÃO PODE

VOLTAR, NINGUÉM PODE VOLTAR. VOLTAR ATRÁS É IMPOSSÍVEL NA EXISTÊNCIA. O RIO PRECISA ACEITAR A SUA NATUREZA E ENTRAR NO OCEANO. É A ÚNICA MANEIRA DE DISSOLVER O MEDO. POR QUE SE ENTRAR O RIO SABERÁ QUE NÃO SE TRATA DE DESAPARECER NO OCEANO, MAS DE SER TORNAR O PRÓPRIO OCEANO.

KHALIL GIBRAN

8.
OUTONO

O outono é a estação em que as folhas caem, a beleza se esvai e a solidão se instala. Nesse período, parece que não há mais o que ser atacado, pois tudo está se desfazendo. É como se estivéssemos nos preparando para uma estação ainda mais difícil. A força vital agora se recolhe para dentro, pois, assim como uma árvore perde suas folhas, externamente parecemos mortos. É na profundidade, onde as raízes buscam água, que encontramos o verdadeiro sustento, especialmente quando a terra, outrora generosa, torna-se árida. Essa busca interna simboliza nossa capacidade de encontrar razão e significado mesmo quando tudo parece perdido.

Assim como as árvores se recolhem para sobreviver ao frio, também precisamos passar por fases de introspecção. No inverno, a árvore parece morta, sem folhas ou frutos, mas por dentro se prepara para florescer novamente.

Essas pausas, embora difíceis, são oportunidades de renovação interna. No entanto, vivemos em uma sociedade que constantemente nos pressiona a mostrar vitalidade. Queremos aparentar que tudo está bem — exibindo carros, viagens, corpos perfeitos — enquanto, na verdade, ignoramos nossas dores internas. Mas a felicidade não é garantida pela aparência, e é fundamental aceitar que é comum não estar bem. A tristeza é uma estação, não uma identidade permanente.

O outono e o inverno são momentos de paciência e reflexão. Eles nos ensinam que a meditação e a contemplação nos ajudam a nos conectar com forças mais profundas, despertando insights e uma nova compreensão. Essas fases nos preparam para lidar com as adversidades futuras com mais consciência e força. Ao final desse processo, não somos mais os mesmos — adquirimos sabedoria e clareza sobre quem somos e qual é nosso propósito.

Dois conceitos essenciais importantes para este livro são o de resiliência e de antifrágil (título de um livro de Nassim Nicholas Taleb). Neste, o ser humano é repleto de contradições, e nem sempre a realidade se desenrola de uma forma lógica. Apenas de seguir e agir mediante determinados padrões, e organizar-se de formas semelhantes, já está mais do que provado que os seres humanos não apresentam resultados sempre iguais e esperados quando submetidos às situações do cotidiano, ou seja, a seus ciclos. Além da experimentação ao longo de toda a história humana já documentada tanto pela História quanto na Bíblia, é plenamente possível dizer que nenhuma utopia ou modelo perfeito se desenrolou ao longo da existência, por mais que isso tenha sido tentado, orquestrado ou teorizado. Contra todas as expectativas, eventos catastróficos, ainda que tenham causado caos a milhões de pessoas, foram eventos estressantes que proporcionaram avanços exponenciais à sociedade como um todo. O que popularmente pode ser dito como fazer mais do que uma limonada com os limões que são dados pela vida, é ter a habilidade de multiplicar os limões para se ter quantas limonadas quiser.

A resiliência nos ensina a voltar ao ponto de partida após um impacto, ou seja, quanto mais rápido você se recupera após uma perda, um trauma, uma separação, mais resiliente é. Mas voltar ao mesmo ponto remete ao mito de Sísifo, de uma repetição sem fim.

Já o antifrágil vai além: nesse processo, não apenas recuperamos nosso estado anterior, mas nos tornamos mais fortes. Após cada queda, voltamos melhores e mais preparados para o que está por vir. Fortalecer essa habilidade de ser antifrágil é o verdadeiro motor do crescimento.

António Damásio fala sobre como essas experiências intensas expandem a nossa consciência. Um empreendedor que passa por períodos difíceis — os "invernos" e "outonos" da vida — começa a ver oportunidades onde antes havia problemas. Ele deixa de enxergar desafios como obstáculos e passa a usá-los como trampolins para a inovação. Essa visão ampliada transforma o mundo em um campo de possibilidades.

Como Marcelo Rufo aborda no livro *Me Larga*, as perdas que enfrentamos ao longo da vida, seja de um emprego, de posição social ou de um relacionamento, muitas vezes nos levam a refletir sobre o adágio: "tudo acontece para o meu bem; nada acontece por acaso". No entanto, quando olhamos para a dor, a verdade é que não queremos mais sofrer.

Imagine caçadores que se aventuram na floresta e deixam um guisado cozinhando em uma grande panela. Um urso, atraído pelo cheiro delicioso, experimenta e gosta da comida. Ao ouvir um barulho, ele pensa: "Preciso pegar a panela." Sentindo o calor, ele tem uma reação instintiva e tenta afastá-la do corpo, mas, mesmo assim, a dor se intensifica. Em um momento de desespero, ele pressiona ainda mais a panela contra si, suportando a dor em nome da sua comida. O resultado? Ele acaba sofrendo cada vez mais, até a morte.

AS FOLHAS QUE CAEM

Muitas vezes, nós nos apegamos a coisas que nos fazem mal, acreditando que são essenciais para a nossa sobrevivência. Pensamos: "É a minha comida, a minha porção, a fonte da minha vida. Eu não vivo sem você; você é o amor da minha vida." Aqui, entramos em uma dualidade de sofrimento: a aversão e o apego. O apego mais profundo se refere àquilo que perdemos.

Na mitologia, os deuses convocaram Zeus e disseram: "Temos um problema. Esses filhos dos humanos, andróginos, possuem um poder imenso. O poder que lhes foi dado está se tornando deles, e não sabemos como isso irá se desenvolver." Assim, Zeus separou o homem da mulher, e, desde então, segundo a mitologia, o homem busca seu lado feminino, enquanto a mulher busca seu lado masculino, conceitos que na psicologia junguiana são chamados de anima e *animus*.

Se originalmente eram um só ser, você o consegue imaginar? Com quatro braços e quatro pernas! A origem da ideia romântica das "metades da laranja" e de "alma gêmea", cantada por Fábio Jr. Porém, não é bem isso. Dentro de uma perspectiva junguiana, ninguém se apaixona verdadeiramente pelo outro, mas pela parte de si que encontra nele. A cura e o amor são projetados no outro, mas, na verdade, pertencem a nós. O que está latente em nós é aquilo que encontramos no outro.

Quando você se apaixona por alguém, adentra um território perigoso, pois isso não pertence ao humano, mas aos deuses. Você experimenta a paixão, movida por Eros e pela dopamina, que dura de seis meses a dois anos. Por mais que todos digam que não, aos seus olhos, aquela pessoa é perfeita. Contudo, essa perfeição é apenas divina. Com o passar do tempo, essa sensação se desvanece, e você começa a enxergar os defeitos, apontando: "Mas você mudou!" E ele ou ela responde: "Não, eu sempre fui assim." A admiração se perde, mas a verdade é que você havia projetado um amor divino em um humano.

O amor humano, por sua vez, é aceitar e encantar-se pelo outro, com seus erros e acertos, reconhecendo suas qualidades e imperfeições. Isso é amor. Ao refletir sobre isso, percebo que a cura e a jornada nunca estão "lá fora"; elas sempre estão "aqui dentro". Troco de relacionamentos, de corpos e de trabalhos, acreditando que o externo pode me curar, mas a verdadeira viagem é para dentro, entendendo que eu, curado, me relaciono melhor com os outros. Esse amor que tanto busco sempre esteve comigo.

O verdadeiro amor não tem a ver com perfeição; é aceitar e amar o outro com todas as suas imperfeições.

Essa compreensão nos leva a um nível mais profundo de maturidade e responsabilidade. A cura não está fora; está dentro. Não é no próximo relacionamento, no emprego perfeito ou em conquistas materiais que encontraremos paz. A verdadeira jornada é voltar-se para dentro, é estarmos "indo de volta para casa", como cantava Cássia Eller. É nessa viagem interior que descobrimos que o amor que procuramos sempre esteve dentro de nós.

A espiritualidade também nos mostra que somos parte de algo maior. Não se trata de religião, mas de conexão e compaixão. Pequenos gestos, como abaixar o vidro do carro para aceitar um panfleto ou ajudar alguém em necessidade, são expressões dessa espiritualidade. Às vezes, somos a resposta para a oração de alguém. Esses momentos simples são manifestações do divino em nossas vidas e nos lembram de nossa missão como seres humanos.

Como disse Marianne Williamson: "Quando nós nos libertamos dos nossos medos, nossa presença automaticamente liberta os outros." Ao expandirmos nossa consciência, nós nos tornamos exemplos para os demais, ajudando-os a encontrar sua própria luz. O verdadeiro propósito do homem é compartilhar o que aprende, contribuindo para um mundo melhor e mais consciente.

Em seu livro *As cinco feridas emocionais*, Lise Bourbeau fala sobre o abandono, a rejeição, a humilhação, a traição e a injustiça como feridas que adquirimos na infância e carregamos pela vida. Muitas vezes, transferimos essas dores para nossos relacionamentos e expectativas. A espiritualidade nos ensina a transcender essas feridas, trocando a necessidade de vingança ou punição pela compaixão e pelo desejo de iluminação para todos.

Essa é a transição da infância emocional para a maturidade espiritual. Não podemos mais esperar que um deus ou o destino nos proteja, como as crianças esperam de seus pais. Precisamos assumir nossa própria responsabilidade e entender que a dor é inevitável, mas o sofrimento é opcional. Somente ao aceitar essa responsabilidade nos tornamos verdadeiramente livres.

Depois de passarmos pelas quatro estações (alerta de "spoiler") — primavera, verão, outono e inverno —, surge o quinto elemento, que é a integração de tudo o que vivemos. Essa fase representa a expansão da consciência e a realização de que somos parte de algo maior. No filme *O Quinto Elemento*, a personagem principal descobre seu poder ao ser reconhecida e amada. Esse amor não é apenas romântico, mas o amor essencial que conecta tudo e todos.

Quando compreendemos essa verdade, vemos que nosso papel é ser a resposta divina na vida dos outros. A partir dessa consciência, pequenos atos ganham significado. Entregamos amor e compaixão não para receber algo em troca, mas porque essa é a essência de nossa existência. Ao nos curarmos, ajudamos a curar o mundo.

E assim como as árvores se recolhem no outono para se fortalecerem no inverno, nós também precisamos dessas pausas para crescer. Cada estação da vida tem seu propósito. O sofrimento não é um fim, mas um meio para uma consciência mais profunda e uma transformação genuína. Ao aceitar esse ciclo, nós nos tornamos mais do que resilientes: nos tornamos antifrágeis.

De acordo com um provérbio oriental, "homens fortes criam tempos fáceis e tempos fáceis geram homens fracos, mas homens fracos criam tempos difíceis e tempos difíceis geram homens fortes".

Os ciclos de outono e inverno não são apenas uma constatação da natureza e dos movimentos humanos; são também uma espécie de manual para se lidar com as dificuldades e literalmente sair melhor delas. Uma mentalidade que evidencia que estabilidade não existe para aqueles que querem evoluir. E que, ao contrário do que muitos tentam emplacar, não se trata de evitar dor, erros, e riscos, e sim de usá-los para se desenvolver cada vez mais.

E, no outono, vem a reflexão da alma, "Por que ser cúmplice nesta enganação? Quem esquece a história, está condenado a repeti-la".

E lembre-se da célebre frase de Agatha Christine, "Uma coincidência é apenas uma coincidência, duas são uma pista, mas três são uma prova."

Desperte...

A SERPENTE QUE NÃO PODE MUDAR A PELE MORRE. DE IGUAL MODO, OS ESPÍRITOS QUE IMPEDIMOS DE MUDAR DE OPINIÃO DEIXAM DE SER ESPÍRITOS.

FRIEDRICH NIETZSCHE

9.
SERPENTE OU LUZ: O QUE VOCÊ ESCOLHE SER?

Em *O sonho de um homem ridículo*, de Dostoiévski, o protagonista, que reside na Rússia em meio a um inverno gelado, vive numa profunda melancolia. Ele mora em um cortiço e, após um dia qualquer, decide tirar a própria vida. A escolha é definitiva: será naquela noite. Com um revólver já comprado e uma última refeição de sopa, ele se prepara para o fim. A atmosfera é pesada, úmida, envolta por neblina. Enquanto caminha pelas ruas escuras, uma menina, desesperada, aparentando ter entre oito e dez anos, aborda-o, implorando por ajuda para sua mãe, que está morrendo.

Tomado pela própria angústia, que o assola, ele empurra a menina e se desvencilha. Sem olhar para trás, volta ao seu pequeno quarto, tranca a porta e prepara-se para executar seu plano. Ele ouve murmúrios, mas nada o detém. E então: *bum*. O disparo acontece. Ele sente um calor no peito; uma gota de sangue escorre. Cai no chão, enquanto seu corpo é cercado por vultos de pessoas que tentam socorrê-lo.

Logo ele se vê colocado em um caixão. A tampa é pregada e, através de um pequeno buraco, ele enxerga tudo: o movimento ao seu redor e, então, o momento em que o caixão é levado para fora da atmosfera terrestre. De repente, ele sente coragem, remove a tampa e se depara com uma figura espiritual. Esse ser o conduz por entre as estrelas, atravessando galáxias até que, finalmente, deposita-o em um novo mundo. Estranhamente, esse mundo é muito parecido com a Terra, mas não é o mesmo.

Lá, ele descobre algo que jamais experimentara: uma sociedade perfeita. Não existem distinções. Não há "meus filhos" ou "seus filhos" – todas as crianças pertencem a todos. Todos falam a mesma língua, vivem em harmonia com a natureza e comunicam-se com os animais. O amor é compartilhado, assim como a comida e a sabedoria. Não há necessidade de lideranças ou partidos políticos, pois as pessoas vivem orientadas por um conjunto comum de virtudes e valores.

Curioso, o homem questiona sobre a existência de condomínios, e a resposta é que todos moram em casas iguais. E quando pergunta sobre partidos políticos, fica sabendo que ali não há necessidade de um líder, pois todos sabem o que deve ser feito.

Tudo parece perfeito. Mas, aos poucos, o homem começa a semear dúvidas. Em conversas privadas, faz comentários sutis, dizendo a algumas mulheres que elas poderiam estar em degraus sociais maiores por deterem grande beleza, ou que outras pessoas poderiam viver em lugares melhores, com mais posses e conforto.

Essas pequenas observações se espalharam como um vírus. E, lentamente, o paraíso começa a mudar. Surgem cercas, condomínios e divisões sociais. As pessoas se segregam entre norte e sul. Líderes emergem e a violência aparece. O caos retorna e o homem percebe, horrorizado, que aquele mundo se tornou idêntico à Terra.

De repente, ele desperta. A bala havia falhado, e seu corpo permanece intacto. Nesse momento, ele tem um insight poderoso: ele sempre foi a serpente. Ao longo de sua vida, foi ele quem semeou o mal, a discórdia e a separação – nas palavras, nos pensamentos, nas ações. Ele percebe que, em vez de colaborar para que o mundo fosse um céu, contribuiu apenas para que se tornasse um inferno.

Agora, iluminado por essa revelação, ele toma uma decisão: a partir de hoje, falará e viverá apenas a verdade. Ainda que seja contra todos, ele se compromete a semear paz e virtude. Sua primeira missão é encontrar a menina que havia pedido sua ajuda naquela noite fatídica.

A essência do livro é o despertar para uma consciência mais profunda: somos, muitas vezes, a serpente no mundo – nos nossos pensamentos, julgamentos, inveja e palavras. Se o "micro" e o "macro" são reflexos um do outro, cada um de nós é uma extensão do que acontece no mundo. Isso implica uma escolha pessoal: seremos a serpente ou a luz?

Essa questão levanta uma dúvida fundamental: nascemos maus ou nos tornamos assim pelo meio? No livro *Tábula Rasa*, de Steven Pinker, a ideia de que nascemos como uma "página em branco" é questionada. Cada indivíduo carrega impressões informacionais herdadas de seus antepassados, o que molda em parte sua existência. O psicólogo Albert Bandura argumenta que 70% daquilo em que nos tornamos é resultado de aprendizado social. Assim, o ambiente pode tanto elevar quanto destruir nossa personalidade e comportamento, independentemente da bagagem genética.

Por outro lado, há uma perspectiva espiritual mais profunda: todos somos convidados para a iluminação. Esse convite vem de algo maior, não das divisões criadas pelo homem. As religiões, nesse contexto, deveriam ser fontes de nutrição para a alma, ajudando as sementes de bondade a florescerem.

Porém, na sua severidade, o homem muitas vezes distorce a espiritualidade. O Deus do Antigo Testamento, com suas punições e regras rígidas, reflete mais a sombra humana do que a essência divina. Mandamentos que exigem adoração e sacrifício são manifestações do ego humano, não de uma divindade perfeita. A verdadeira devoção não se expressa pelo medo ou pela servidão, mas pela conexão espiritual sincera.

Se acreditarmos que o micro reflete o macro, então nos reconheceremos como parte da divindade. A ideia de um "servo inútil" – alguém que se rasteja na esperança de ser reconhecido – é, como Nietzsche diria, uma construção demasiadamente humana. A verdadeira reverência a Deus não está na humilhação, mas na vivência consciente da nossa própria divindade interior.

Assim, a grande pergunta permanece: quem escolhemos ser? Afinal, a bondade e a maldade emergem da mesma fonte – e é nossa responsabilidade transmutar essa energia em luz. Para isso, é necessário amarrar nosso ego e agir com coragem. No mundo do empreendedorismo, muito se fala sobre talento e oportunidade. No entanto, mesmo o maior talento se perde sem ação e propósito.

Por fim, a reflexão se estende: não nascemos maus, mas somos moldados pelo meio. Ainda assim, a espiritualidade nos convida constantemente para a luz, para o despertar. E cabe a nós escolher se responderemos a esse chamado ou se permaneceremos na escuridão.

O neurocientista António Damásio, em seu livro *O Mistério da Consciência*, traz à luz a existência de dois "eus". O eu autobiográfico, cuja função é contar histórias, ora olhando para o passado, procurando e narrando fatos e eventos, ora olhando para o futuro, buscando traçar rotas para novas aventuras. O outro eu vive o agora, aquilo que exatamente acontece, ou seja, a vida dentro da própria existência, sem passado e nem futuro.

O mais assustador é que o eu do agora, ou seja, da vida tal como ela é, vive, pasmem, cerca de três minutos quando estamos despertos. Logo, talvez aí esteja a chave para a maioria de nossos medos e ansiedades. Ao dar uma procuração inconsciente para este eu autobiográfico, ele nos leva a mais dor e sofrimento, e pouco podemos fazer para romper os ciclos de repetição.

Mas como ampliar o poder do eu que vive o agora?

O livro *Estilos Emocionais,* do neurocientista Richard J. Davidson, nos dá pistas. Após pesquisas, ele indica a existência de cerca de seis estilos, dos quais destaco dois.

Autopercepção – nesta dimensão, a característica dos indivíduos é a compreensão ou não dos sinais corporais.

A dimensão de Atenção – é caraterizada pelos estímulos percebidos, ou seja, pela capacidade de concentração.

Ampliar a consciência sobre o agora talvez faça toda a diferença para se alcançar uma vida mais plena, e de escolhas mais sadias e colaborativas para a construção de um mundo melhor em todos aspectos. E o mais importante, para compreender a importância do seu papel neste plano. Às vezes, aquela pessoa de quem ninguém espera nada é a mesma que faz coisas que ninguém poderia imaginar.

SOMOS ASSIM. SONHAMOS COM O VOO, MAS TEMEMOS AS ALTURAS. PARA VOAR É PRECISO AMAR O VAZIO. POR QUE O VOO SÓ ACONTECE SE HOUVER O VAZIO. O VAZIO É O ESPAÇO DA LIBERDADE, E AUSÊNCIA DE CERTEZAS. OS HOMENS QUEREM VOAR, MAS TEMEM O VAZIO. NÃO PODEM VIVER SEM CERTEZAS. POR ISSO TROCAM O VOO POR GAIOLAS. AS GAIOLAS SÃO O LUGAR ONDE AS CERTEZAS MORAM.

RUBEM ALVES

10. INVERNO

Os ciclos e suas fases têm um roteiro conhecido a todos os elementos da natureza, nascimento, morte e renascimento. Tudo está em constante transformação, surgindo e desaparecendo.

Talvez pelo fato de ser mais consciente, de ter uma mente com a qual se identifica, o ser humano se apega a outras estações e recusa-se a compreender que para renascer é preciso morrer, desapegar daquilo que ele acredita ser.

A estação do inverno reflete essa dimensão de morte: talvez a vida paire apenas no silêncio de nossa pequena e efêmera existência. E dentro de nós mesmos, com a prática das meditações e contemplações, ampliamos a nossa consciência.

A morte deixa de estar à espreita e está, literalmente, sobre nós. Não há morte da existência de um corpo, mas a morte daquilo que acreditamos ser; defendemos e nos recusamos a compreender que este eu não me representa na totalidade; é apenas um fragmento de todo potencial do que posso vir a ser.

O inverno é escuro, é frio, é sombrio; uma analogia para a própria morte. E, ao nos encontrarmos na escuridão, em vez de nos desesperamos, devemos parar, respirar e lembrar: "Você não foi enterrado; você foi plantado." Esse pensamento reflete a importância de reconhecer que, mesmo em tempos difíceis, de longos e gelados invernos, somos como sementes com extremo potencial de brotar, florescer e transformar a nossa realidade.

Em momentos de sofrimento — seja por causa de uma enxaqueca, um dia ruim, um relacionamento que chega ao fim ou dificuldades financeiras — nossos ancestrais ficavam atentos aos sinais de uma força superior, uma pena, um canto de pássaro, uma estrela com brilho mais iluminado, um sonho, algo a ser decodificado e interpretado como um sinal. Hoje em dia, um simples livro ou uma frase inspiradora pode servir como um feixe de luz. Essa luz pode se manifestar em pequenos momentos, pequenos movimentos da vida ou uma citação que ressoa profundamente em nosso ser. Na série *A voz do silêncio*, uma menina cega revela que "tudo tem uma voz; só precisamos aprender a ouvir". Isso nos lembra que, mesmo quando nos sentimos presos em situações difíceis, temos a capacidade de nos libertar e de nos reconectar com nossa verdadeira essência.

O homem é tanto o criador quanto o destruidor da natureza. Como afirmava Jung em seus escritos, "só conhece a luz quem conhece as trevas". Não é possível compreender o lado luminoso da vida sem também reconhecer o lado sombrio; essa dualidade é fundamental. A mesma força criadora que gera o bem, também pode produzir o mal; a diferença está na direção que essa energia toma. O sabre de luz de Jornada nas Estrelas representa essa única força, cuja utilidade é determinada por quem a empunha.

A energia vital é idêntica e pode ser direcionada tanto para a criação quanto para a destruição. Se não tivermos consciência, que é o conhecimento transformado em sabedoria, não perceberemos que podemos causar mal ao utilizar essa mesma energia. Quando nos tornamos conscientes e aprendemos a transmutar essa força, despertamos para um novo entendimento e remodelamos essa energia.

Um exemplo claro disso é a natureza: em um desastre ecológico, como uma queimada que destrói uma floresta e mata centenas de animais, a vida, em sua essência, busca se reorganizar e se reerguer. Após alguns anos, a floresta pode renascer ainda mais forte, mostrando que mesmo a destruição pode dar origem à vida.

Quando o homem está desperto, é possível observar isso em figuras como Moisés, que era um assassino, ou Abraão, que mentia. Os discípulos de Jesus, longe de serem seres iluminados, tinham suas falhas. Contudo, a energia que possuíam, quando convertida, tornou-se a base da igreja. Cristo não eliminou a energia de Pedro, mas a direcionou para um propósito maior.

Paulo, por exemplo, foi um perseguidor que, após sua conversão, utilizou a mesma força que usava como comandante para construir a igreja. O foco não está em eliminar a força, mas em redirecioná-la. Muitos grandes pensadores e líderes já estiveram do lado sombrio, e, ao receberem uma nova oportunidade, transformam-se em agentes de mudança. Para isso, são necessários tempo, espaço e a conversão da energia.

O conhecimento nos proporciona clareza e responsabilidade. Ao despertar, não há como voltar a ser inocente. Situações de conflito ou agressão nos desafiam a olhar para dentro e reconhecer que já estivemos nesses lugares. Ninguém dá o que não tem; se emanamos amor, isso reflete o que temos dentro de nós. Se alguém nos agride, isso é um reflexo de uma ressonância interna. É fundamental despertar essa consciência, pois, sem ela, caímos em um ciclo de ações e reações.

Em relação à virtude da fortaleza, não se trata de ser forte de forma tradicional, mas de compreender o outro em sua ignorância e fraqueza. Exercitar o poder sobre o outro requer compreensão e bondade, e, ao acolher, sem julgar, elevamo-nos a um nível de sabedoria. Ao observar o comportamento de alguém e entender que suas ações provêm de uma consciência limitada, encontramos um espaço de amor e aceitação. Quando isso acontece, o padrão de comportamento começa a mudar.

Marie-Louise von Franz, discípula de Jung, em sua obra *Adivinhação e sincronicidade*, explora aspectos fascinantes da psique humana, especialmente a tendência, comum entre os brasileiros, de acreditar em métodos de adivinhação como baralhos, tarô e astrologia. Jung, em seus estudos sobre complexos, sugere que algumas pessoas têm um talento especial para interpretar e ler as outras, baseadas em experiências que, muitas vezes, não são totalmente conscientes. Esses médiuns acessam um complexo que já habita dentro deles, permitindo que se conectem a eventos e sincronicidades já vividos de alguma forma, seja nesta vida ou em outro plano. Essa sincronicidade é notável e é retratada no livro de Franz.

Muitas vezes, buscamos essas ferramentas de adivinhação em momentos de dor, ansiando por respostas que, acreditamos, possam nos trazer conforto. O viés da certeza é uma armadilha; nossa mente prioriza informações que proporcionam prazer e dopamina, vibrando na confirmação das expectativas que já temos. No entanto, se isso é verdadeiro, ao conseguirmos mudar essa perspectiva, podemos encontrar poder dentro de nós mesmos, ao invés de depender de fatores externos. Essa transformação interna é um convite à introspecção, à busca de nossa própria essência.

A relação entre adivinhação e religião é outro aspecto interessante que Franz aborda. Muitas vezes, as pessoas frequentam igrejas não por uma conexão genuína com o divino, mas pela presença de líderes carismáticos que atuam como influenciadores. Quando nos afastamos desse roteiro, emanamos a sincronicidade que esses líderes vibram, mas que também é nossa; os outros apenas a decodificam. Portanto, somos os transmutadores de nossa própria energia.

Ao fazer um paralelo com a obra de Jung e Freud, podemos ver que Jung, em um momento de discórdia, levantou a questão da intuição e da sincronicidade. Ele demonstrou que, ao dar atenção a esses fenômenos, somos capazes de materializar eventos que antes pareciam invisíveis. A intuição é uma energia que nos guia, um insight que se transforma em ação quando seguimos essa energia com confiança.

A MORTE ESTÁ SOBRE MIM

Os períodos de outono e inverno, com sua introspecção, são ideais para desenvolvermos essa consciência. A intuição nos incentiva a explorar, a tentar e a seguir em frente, mesmo quando a vida parece obscura. Um exemplo poderoso dessa sincronicidade é a metáfora de um dia nublado que, de repente, revela uma fresta de luz entre as nuvens. Essa luz representa a esperança e a inspiração, um lembrete de que, mesmo nos momentos mais sombrios, há sempre um potencial de renascimento.

Compreender a vastidão das experiências da vida é essencial. A técnica do elástico no pulso para mudar hábitos pode nos lembrar constantemente de quem somos e qual é nosso propósito, evitando que caiamos nas armadilhas das distrações. Às vezes, é necessário abrir mão de certas coisas momentaneamente para avançar em direção aos nossos objetivos. Essa luta interna é comparável à jornada do Conde de Monte Cristo, que, após enfrentar desafios e adversidades, retorna renovado e transformado, pronto para abraçar sua nova identidade.

Em suma, a sincronicidade e a adivinhação são poderosas ferramentas de autoconhecimento. Quando reconhecemos que somos tanto criadores quanto destruidores de nossa própria realidade, podemos redirecionar nossa energia, abraçar a intuição e, assim, cultivar um renascimento contínuo em nossas vidas.

Porque se é certeza que o inverno chegará como uma travessia sombria — o céu cinza, o frio e o peso das dificuldades —, também o é o surgimento da primavera. Uma pequena flor, quase imperceptível, brotará como um sinal de que uma nova fase se aproxima. E é nesse renascimento que, lentamente, começamos a nos abrir novamente para o mundo.

No final, percebemos que o amor, a cura e a transformação sempre estiveram dentro de nós. E, ao nos tornarmos inteiros, ajudamos os outros a fazerem o mesmo — tornando o mundo um pouco melhor, uma estação por vez.

Perceba que tudo se conecta a todo o resto; logo, não existe nada sozinho na natureza.

Na maioria das vezes, apenas olhamos para as pessoas, mas há certos momentos especiais, de insights, em que paramos de olhar e começamos a enxergar.

Talvez ainda não tenha percebido, mas você é seu próprio fabricante de lágrimas, todo mundo tem o seu. Trata-se daquela pessoa que te faz sofrer, chorar, te destrói ou te deixa contente - aquela que você vê refletida quando se olha num espelho.

Há uma cena que talvez defina seu papel neste plano, sobre lentes e ângulos diferentes. Ela transcorre no filme *Mogli, o menino Lobo*, em sua fase de treinamento e testes.

Questionado por Mogli sobre ser especial, o Jaguar diz:

— É claro que você é especial, por isso você é diferente.

Indagando seu professor, o Urso, este responde:

— É claro que você é igual, por isso seu treinamento é especial.

E isso não tem a ver com o menino lobo...

HAVERÁ UM DIA EM QUE DEVEREMOS DEIXAR DE SER AS CRIANÇAS QUE SEMPRE FOMOS, DEIXAR AS ILUSÕES DE LADO E ENCARAR A VIDA HOSTIL, TAL QUAL ELA SE APRESENTA. A ISSO EU CHAMO DE EDUCAÇÃO PARA A REALIDADE.

SIGMUND FREUD

11. ADULTECER

A alegoria da caverna foi apresentada pelo filósofo Platão em sua obra *A República*, para comparar "o efeito da educação (conhecimento) e a falta dela em nossa natureza".

Platão faz com que Sócrates descreva um grupo de pessoas que viviam acorrentadas à parede de uma caverna durante toda a vida, de frente para uma outra parede. Havia uma fogueira no centro, e as pessoas presas observam as sombras refletidas sobre a luz no fogo projetadas na parede. Elas representavam as pessoas que passavam carregando seus objetos de trabalho, cestos, uns montados em camelos, outros em cavalos. Cada habitante, ao observar as figuras projetadas, tinha suas impressões e nomeavam-nas: é um monstro, é um deus, é um animal alado. De posse dessas imagens, formavam suas percepções e suas verdades sobre a vida que se passava.

Certo dia, um dos prisioneiros, depois de muito esforço e força de vontade, consegue se libertar, e, com sacrifício, sai da caverna. Seus olhos cansados e domesticados pela escuridão ficam momentaneamente cegos em contato com o sol. Mas, lentamente, ele vai se adaptando, ouve novos sons, a brisa do vento roça sua pele, o aroma rouba-lhe os sentidos, e vê um mundo de infinitas possibilidades. Seria aquele lugar o tão falado céu? Haveria ele morrido? O tempo vai dando a ele uma adaptação completa e ajustando suas percepções; logo ele se nutre de tudo e conecta-se à nova realidade. Conheceu a vida e o sentimento de felicidade.

Após um tempo em seu regozijo, tem a lembrança dos que estavam ainda presos na caverna, e, imbuído de amor ágape, renuncia momentaneamente àquele estado de felicidade em prol de sua comunidade.

Depois de uma longa jornada, entra na caverna, e, com entusiasmo, inicia sua narrativa sobre suas impressões, novos sabores, dizendo que as percepções e o conhecimento sedimentado dentro da caverna até ali não eram reais; não havia evidência, eram apenas impressões. E que havia um mundo lá fora disponível para eles com grandes oportunidades.

Mas qual não foi sua surpresa, e frustrando completamente suas intenções e expectativas, quando os mais velhos, assim como os jovens, chamam-no de louco. Dizem que havia sido possuído por algum "espírito", outros por alguma doença, mas que estava fora de si. E temendo que aquilo fosse contagioso, eles o matam.

Pode ser muito penoso despertar de repente e constatar que o coletivo com o qual nos identificamos e para o qual trabalhamos é, na realidade, uma loucura. O ego coletivo é habitualmente mais inconsciente do que os indivíduos que constituem esse ego.

À medida que a humanidade evolui ao longo dos séculos, a tendência é a vida ser cada vez mais dominada pela mente, sem reconhecer a entidade dominadora como uma não identidade.

Dentro desse processo de compreendermos quem somos há de se enfrentar o processo de mudança, e isso, em uma análise, não é influenciado pelo que buscamos, mas sim pelo que mais tememos.

Por isso, Nietzsche afirmou que é preciso amar aquilo que é necessário nas coisas. E as dores são tão necessárias e inescapáveis quanto as alegrias, então é preciso aprender a amar a vida tal qual ela se apresenta.

Compreender e aceitar a fatalidade e a finitude: isso é viver plenamente, e não pela metade.

Isso nos liberta dos dois maiores temores e dores, passado e futuro.

Se a consciência assim decidir, a crise pode representar o fim de uma estação de dor e sofrimento que assola continuamente nossas vidas. Quando a explosão acontece, as opções de reconhecer o sentido ou continuar fugindo se tornam mais claramente definidas. Mesmo que essa explosão não resulte em mudança ou conhecimento interior, ela pode despertar uma reflexão mais profunda. Nesse estado, a paciência tende a levar ao silêncio, seguido de um momento de reflexão, meditação e, por fim, contemplação.

Nesse estado de contemplação, ocorre uma conexão com elementos integrativos. Uma mente mais pura entra em cena, e o verbo deixa de ser o **Fazer** para se tornar o **Sentir**. Esse verbo, sentir, eleva-o ao mundo do tempo e espaço, onde temos infinitas possibilidades e oportunidades. Nesse estado contemplativo, surgem respostas para inúmeras perguntas e situações. Você conhece a máxima de que, quando vem a tempestade, buscamos um lugar para nos acolher e nos esconder? Pois bem, a vida, nesses momentos ou estações, não nos convida ao abrigo da alma ou à proteção contra as inquietações emocionais. Pelo contrário, convida-nos a seguir em frente e enfrentar a tempestade, a olhar dentro do olho do furacão e continuar. Fazendo referência a Joseph Campbell, "talvez naquela caverna mais escura, onde se teme entrar, esteja o tesouro que sempre buscou."

No entanto, muitas vezes interpretamos a vida como se houvesse um terceiro poderoso que resolvesse nossos problemas e aflições. Nós nos apequenamos e agimos como crianças, desejando retornar ao ventre seguro, ao colo que nos protege ou aos seios que nos nutrem. Sabemos onde estamos; já é um lugar conhecido.

Juramos sair e nunca mais voltar, mas, ao abrir os olhos nas estações de dor e luto, encontramo-nos novamente no local familiar. Como se fossemos Sísifo, rolamos as pedras da vida com sacrifício até o cume da montanha. Chamamos isso de dias, meses, anos ou até mesmo de problemas e metas. No entanto, no fundo, esse sacrifício resulta em dor e tempo consumido, e, pior, leva-nos de volta ao mesmo lugar conhecido.

Os orientais têm um adágio que diz que sempre estamos em busca do desconhecido. Entre o conhecido e a busca pelo desconhecido, tememos a jornada desse vazio e recusamos o chamado para a viagem. Permanecemos em relacionamentos que já acabaram, em empregos que nos causam dor e sofrimento, e em amizades que não nos nutrem mais. Isso nos leva a doenças, dor e sofrimento. Nesse ato de retornar ao estado infantil, invariavelmente choramos, nos apequenamos e "chamamos" por alguém ou algo poderoso que nos liberte do sofrimento e da dor do abismo que habita nossa alma.

A verdade é que a maioria de nossas dores emocionais está relacionada à ausência da consciência de quem somos e à necessidade de crescer. Precisamos entender que a única saída é nos responsabilizarmos por nossas vidas e assumirmos o papel de adultos. Isso se reflete nas histórias que aludem a essa estação de integração. Quando Saulo (o pequeno) renasce como Paulo (o adulto), ciente de sua missão e propósito, ele afirma: "Quando eu era menino, brincava como menino, pensava como menino e falava como menino. Mas, quando passei a ser homem, deixei as coisas de menino para trás".

Nesses ciclos de vida — nascimento, morte e renascimento — está implícito o crescimento e a compreensão de nosso papel e propósito neste plano. Porém, esse papel é destinado apenas aos adultos, ou seja, à integração de todas as fases e forças para o renascimento de um ser humano melhor, mais apto e preparado para as diferentes fases da evolução nos níveis emocional, físico, mental e espiritual.

Em vez de esperar a vida toda por algo, comece a viver hoje. Já é bem mais tarde do que imagina.

A VIDA PODE SER, DE FATO, ESCURIDÃO SE NÃO HOUVER VONTADE, MAS A VONTADE É CEGA SE NÃO HOUVER SABEDORIA, A SABEDORIA É VÃ SE NÃO HOUVER TRABALHO E O TRABALHO É VAZIO SE NÃO HOUVER AMOR.

KHALIL GIBRAN

12.
A QUINTA ESTAÇÃO

No filme *O Quinto Elemento*, a eterna guerra entre o bem e o mal é muito bem ilustrada. Nela, o mal só pode ser derrotado com a combinação de cinco pedras, cada uma representando os elementos água, terra, fogo, ar e a criatura perfeita. Para os antigos gregos, o éter era o quinto elemento, que formava uma esfera celestial fora da Terra. Segundo a teoria grega antiga, ele era diferente dos demais elementos encontrados na Terra (ar, água, fogo e terra), pois seria algo mais magnífico e grandioso que o ar que respiramos.

Mas esse elemento de integração estaria pautado na busca de uma perfeição? Acredito que não, mas talvez em uma tomada de consciência de quem realmente somos.

Existe um poema de Khalil Gibran, que reconstruo a seguir com as minhas palavras:

Era estação de outono, os animais e as plantas se recolhiam para a estação próxima de inverno. Certo dia, uma folha de árvore caiu sobre uma folha de grama, e esta, por sua vez, reclamou:

— Quem ousa me acordar? Estou me preparando para o inverno. Preciso me recolher e poupar energia.

E a folha de árvore, com uma energia contagiante, disse:

— Sou eu. Venho lá de cima. Lá existe um Deus, aves lindas, uma lua para as noites que baila com as estrelas e um astro-rei, o Sol poderoso. Há muitas formas de vida e alegria em viver.

Furiosa, a folha de grama respondeu:

— Cala-te. Não existe nada além deste plano que vemos em nosso horizonte. Com certeza, você está embriagada ou com falha em seu jeito de pensar e ver a vida e sua existência.

Então, outras folhas de grama despertaram e, em um só coro, fizeram o mesmo. Isso se tornou absoluto para a folha de árvore, que repousava no solo, acreditando que tudo não havia passado de um grande sonho.

O tempo passou, com novas estações e o ciclo da natureza em curso. A estação de outono voltou novamente, e eis que de repente uma folha de árvore caiu sobre uma folha de grama que, em outros tempos, já havia sido uma folha de árvore... E esta disse:

— Quem é que me acorda em meu sono para esperar a estação da morte? Quem faz tanto barulho?

A folha de árvore, com alegria, narrou os acontecimentos de suas experiências. Mas o ciclo continuou; a folha de grama, com novas memórias, esqueceia suas origens e retroalimentava toda a história. Esta e uma infinidade de outras folhas de grama a convenceram de que nada mais existe, que tudo não passou de uma grande ilusão.

O fato é que esquecemos nossas origens; tentamos justificar ou racionalizar nossas incertezas; e, assim, os ciclos continuam. O quinto elemento ou a quinta estação trata da totalidade ou da integração de todos os elementos que compõem o nosso ser.

Frequentemente, a jornada é vista como pertencente a apenas algumas pessoas e não a outras. Como já discutimos anteriormente, muitas vezes se presume que ler, ver e ouvir as histórias de outras pessoas é admirá-las. Mas o ponto culminante desta jornada é que, ao voltarmos à nossa vida cotidiana, aos nossos amados, retornamos com um objeto sagrado, ou uma nova verdade vivificante que contribui para nossa transformação. Se apenas algumas pessoas são encorajadas a empreender suas jornadas e encontrar suas dádivas, o reino só pode ser renovado para aqueles que empreendem o caminhar e o desafio de tornar o desconhecido conhecido.

Às vezes, tomados pelas incertezas e medos desta jornada de integração, nós nos apequenamos. As racionalizações que você usa para explicar seus sentimentos de inferioridade, quaisquer que sejam, nunca são a verdadeira causa. Outras pessoas podem ser até mais bem-sucedidas de um modo ou de outro nesta jornada, mas isso jamais poderia fazê-lo se sentir inferior. Sem seus padrões artificialmente elevados, você não sentiria a necessidade de ser melhor que, ou pelo menos tão bom quanto os outros, em todos os campos de sua vida. Ou seja, a integração se trata do si mesmo.

Posso confessar um segredo? As pessoas mais brilhantes, mais bem-sucedidas, mais bonitas, comumente têm sentimentos de inferioridade mais sérios que outras menos brilhantes, menos belas ou menos bem-sucedidas. Todos temos nossas fragilidades, nosso calcanhar de Aquiles; todos temos medo.

AMBIVALÊNCIA

Só quando você deseja amor de uma maneira saudável e madura, e quando está disposto a amar na mesma medida em que deseja ser amado, o amor virá. Para sairmos desse ciclo vicioso e tomarmos consciência de quem somos, e desse direito de sermos felizes ainda neste plano, precisamos crescer e assumir essa responsabilidade; isso pertence ao mundo dos adultos.

Lembre-se de que a personalidade desse círculo vicioso é forte e jamais poderá assumir esse risco enquanto desejar o amor imaturo de criança. Já que ela não pode se arriscar pelo amor, não sabe amar de forma madura. A criança não tem obrigação de assumir esse risco, mas o adulto tem. A criança interior deseja e anseia imaturamente por amor de sujeitos a quem ela não tem a intenção de retribuir. E com essa disposição entre dar e sua necessidade compulsiva de receber, o equilíbrio é muito desigual.

Em razão desse desequilíbrio básico, esse esquema jamais poderá funcionar, pois a Lei Divina é sempre justa e equilibrada: "Você nunca recebe mais do que investe." Quando você investe livremente, pode ser que não receba o amor de volta imediatamente da mesma fonte em que investiu, mas, em algum momento, ele deverá fluir de volta para você, desta vez em um círculo benigno.

O amor que você deseja, na ideia equivocada de que vai deixá-lo quite, não é a resposta. Em outras palavras, você busca um remédio que não serve para a sua dor, e, portanto, sua fome de amor permanece sem ser aplacada. Como um poço sem fundo, fecha-se em círculo.

A integração, que é o encontro da jornada, exige ver que, quando criança, você tinha justificativas para certos sentimentos, comportamentos e incapacidades, mas que agora se tornaram obsoletos. Terá também que aprender a acolher e ser tolerante com seus sentimentos e emoções negativas. Precisará compreendê-las, descobrir onde você se desvia do conhecimento consciente nas suas tendências, exigências e desejos emocionais. Talvez saiba, e até pregue, que deve dar amor sem se preocupar em receber, mas todos temos a tendência de nos desviar deste conceito e usar a racionalização como instrumento de fuga.

Seu pensamento adulto precisa expressar-se ao lado de seu pensamento destrutivo infantil sobre a questão a respeito da qual você é intensamente emotivo. Isso você pode fazer, caso realmente queira. Seus processos de pensamento geralmente funcionam muito bem quando você assim deseja; ou seja, ele se torna consciente.

Sua mente sozinha não pode resolver os enigmas desta jornada, repleta de medos, conflitos e incertezas. Os elementos destrutivos têm de ser admitidos primeiro, e então a mente terá que confrontá-los, opor-se a eles, compreendê-los e corrigi-los.

Se a inteligência adulta for usada apenas para racionalizar a confusão dolorosa, elaborar argumentos de defesa, justificar sua própria situação ou proteger-se de "deixar de existir", então jamais haverá avanços, e voltamos ao mesmo ciclo vicioso, esquecendo novamente quem somos. Mas se a mente adulta é usada para lançar luz sobre as demandas irracionais, tornando claro que são irreais e injustas e mostrando que as reações emotivas resultantes são destrutivas para todos os envolvidos, então muito terá sido obtido, e a verdade emergirá.

O fato é que a busca pelo Santo Graal, aquela relíquia ou objeto sagrado, nunca estará fora de você, mas sim dentro. A jornada épica trata de se reconectar às forças, luz e trevas que habitam dentro de você. Quando isso ocorre, a máxima se realiza: o herói sempre morre no final, mas ressurge como um novo ser, integrando todas as estações e tornando-se pleno — aí está o quinto elemento.

Em forma de tríade composta por Conhecimento, Sentimento e Vontade, como ferramentas da consciência criadora. E a cada ciclo completo desta jornada, compreenderá que, neste mundo, nada lhe pertence, nem seus carros, casas, empresas, ou filhos. Você tem apenas um corpo que lhe é emprestado na brevidade de dias. Portanto, com essa contemplação, liberte-se de todo apego que lhe traz dor e sofrimento, bem como de toda aversão, pois tudo é efêmero e passageiro.

Mas o que realmente lhe pertence, este é o seu verdadeiro eu, aquele aí dentro falando, conversando consigo, pedindo passagem para ser integrado a você.

A entrada para uma nova e mais ampla vida está no conhecimento que se transforma em sabedoria. Nesse momento, você poderá escolher seguir sua vida egoísta e imediatista, ou seja, continuar igual ao que o trouxe até aqui. Mas isso não pode continuar, pois aqueles que insistem nesse caminho fecham-se para um poder capaz de tornar-se destrutivo numa mente ainda atrelada ao egoísmo. Esse egoísmo vem da falsa crença de que você só é feliz quando é egoísta, e infeliz quando se desprende daquilo a que se apega, como sendo seu verdadeiro eu, que deve morrer. Esta falsa crença é um dos primeiros mitos que você precisa analisar e desafiar.

Você tem a oportunidade de criar uma nova vida para si mesmo e para o seu meio, sendo um catalisador de energia e transformação, uma espécie que a humanidade ainda conhece muito pouco. Você se prepara para isso, outros se preparam para isso, aqui e ali, e em todos os lugares, silenciosamente. São núcleos dourados que saltam da matéria cinzenta e sombria, do pensar e do apenas sobreviver. Você é esse canal; sempre foi. Isso lhe trará o estímulo e a paz que sempre desejou. Entre nessa nova fase com coragem e determinação. Levante-se, torne-se o que você realmente é e viva a vida no que ela tem de melhor.

Se você se aquietar e prestar atenção ao seu eu interior, ouvirá a sua voz.

Há uma frase que gosto muito: "Saber e não fazer é o mesmo que não saber e não fazer." Esse adágio reflete uma responsabilidade que aumenta conforme evoluímos e expandimos nossa consciência. Ao entendermos quem realmente somos, respondendo perguntas fundamentais como "Quem sou eu?", "De onde vim?", "Por que estou aqui?" e "Para onde vou?", conseguimos aliviar um pouco da ansiedade em relação à morte e à finitude. Estou descobrindo essas respostas neste plano e, ao refletir sobre isso, costumo brincar dizendo que tenho "um pé na loucura". Mas, afinal, o que é a loucura? Não nasci com essas ferramentas e não construí uma mente e uma alma ricas para ficar enclausurado; o conhecimento precisa ser compartilhado. Esse é um dos meus legados. A expansão da consciência requer abrir mão de certas coisas, inclusive da chamada "verdade comum", aquela em que a maioria acredita. Alguém precisa questionar essa verdade, e o preço a pagar é alto. A exclusão social e o ceticismo dos amigos são comuns, e é preciso coragem para buscar o "fogo de Prometeu" – um insight, um avanço. No entanto, se o seu reconhecimento pessoal for a sua principal meta, o caminho será mais árduo. A sociedade valoriza o reconhecimento externo, mas essa expectativa frequentemente gera frustração. Depender da validação dos outros é a fórmula perfeita para o sofrimento.

O livro *As Cinco Linguagens do Amor* trata, em parte, dessa busca pelo entendimento e pela satisfação nas relações, defendendo que, ao identificarmos as necessidades emocionais do outro (como palavras de afirmação, tempo de qualidade, presentes, atos de serviço e toque físico), podemos melhorar os relacionamentos. Embora eu aprecie a obra de Gary Chapman, acredito no ditado de que "ninguém dá o que não tem". Em vez de buscarmos essas linguagens no outro, devemos primeiro praticá-las conosco. Amar-se primeiro não é egoísmo; é essencial. Há uma passagem na Bíblia em que um profeta faminto pede comida a uma viúva, que só tem um pouco de farinha e azeite para ela e seu filho. O profeta pede que ela faça o pão para ele primeiro, prometendo que, em troca, a abençoará e sua comida nunca mais faltará. E ela acredita. Isso é fé no invisível.

Portanto, acredite e cuide de si mesmo: pratique atividades físicas, escreva para si, nutra sentimentos positivos e presenteie-se. Ao fazer isso, você será capaz de oferecer essas cinco linguagens do amor a quem desejar, sem a necessidade de validação externa. Quando termino uma corrida, agradeço a cada parte do meu corpo. Quando quero algo e meu corpo pede outra coisa, escuto. Ao longo desse cuidado, crio uma relação amorosa e protetora comigo mesmo, compreendendo que não estou sozinho e comprometendo-me a sempre me proteger.

Quando sinto que tenho um "divino" dentro de mim, entendo que ele transcende meu ego e integra minha alma e meu eu verdadeiro. Esse "divino" é, para mim, andrógino e indivisível – minha busca por outra metade é, na verdade, uma busca por mim mesmo. Assim como uma jiboia que, após anos isolada, consegue se reproduzir, percebo que sou completo em minha essência. Não preciso recrutar no outro uma dependência emocional.

Ao avançarmos para o conceito do quinto elemento no livro, é importante que conectemos o conhecimento adquirido até aqui. Desde o início do livro, narramos a jornada da humanidade, partindo de um mundo congelado e do sofrimento do homem nômade. Retornamos a ele em sua nova jornada, desta vez nos trilhos do autoconhecimento, transformados em um homem do século XXI, próximo de uma jornada de iluminação.

Duas palavras poderosas surgem nesse contexto: humildade e aprendizado. Humildade, em sua origem latina, significa "ter os pés na terra" e traz consigo o desapego da necessidade de estar sempre certo. Quando converso com minhas filhas e percebo que elas têm razão, reconheço isso. Como diria Nietzsche, "a convicção é mais perigosa para a verdade do que a própria mentira". A ausência de dogmas me alivia e me permite estar sempre aberto ao entendimento. Outra virtude que cultivo é saber ouvir. Quando escuto alguém, silencio a mente e apenas absorvo, para compreender o que está sendo dito.

Não acredito em verdades absolutas. Acredito que todos estamos em evolução, todos somos aprendizes, e não há ser iluminado. Somos, no fundo, como crianças assombradas, buscando quem nos salve. Muitos procuram no palco das emoções a cura que antes encontravam na religião, mas acabam, muitas vezes, mergulhados em uma busca incessante por reconhecimento e satisfação instantânea. Por isso, percorra o caminho para dentro. Dedique-se a conhecer e cuidar da pessoa mais importante da sua vida: você. Pergunte-se diariamente: "Quem sou eu?" Abra espaço na sua mente e no seu coração para expandir essa resposta. As primeiras respostas provavelmente serão seu nome, sua profissão, hobbies, os papéis que desempenha... Mas você não é isso. Você é muito mais.

E AQUELES QUE FORAM VISTOS DANÇANDO FORAM JULGADOS INSANOS POR AQUELES QUE NÃO PODIAM ESCUTAR A MÚSICA.

FRIEDRICH NIETZSCHE

DESPERTE, LIBERTE-SE, SEJA FELIZ!

A jornada do ser humano, com suas idas e vindas, espelha o ciclo eterno das estações. Desde os tempos primitivos, quando o homem vivia imerso no caos da natureza, até os dias de hoje, em que as complexidades emocionais e existenciais se entrelaçam com as inovações tecnológicas, o ser humano tem aprendido a se transformar. Cada fase de sua evolução, seja ela externa ou interna, é marcada por um processo de adaptação, descoberta e, finalmente, renovação.

O caos, que outrora era visto como inimigo, agora é reconhecido como um catalisador da evolução, seja ele o caos natural ou o interno. Como nos ensina a história da humanidade, ele nos desafia a nos reinventarmos, a nos aproximarmos de nossa essência mais profunda. A transição da sobrevivência física para a emocional reflete um movimento de crescente consciência, onde os monstros do passado — predadores naturais — foram substituídos pelos temores internos, como a ansiedade e a insegurança. No entanto, ao reconhecer e confrontar esses medos, como o cavaleiro preso na armadura, podemos experimentar uma transformação profunda, uma renovação que nos torna mais inteiros e conscientes de nossa missão.

Como metáforas poderosas, as estações da vida nos lembram que cada fase de nossa jornada tem um propósito e um ensinamento. A primavera nos convida ao renascimento, ao crescimento e à inovação. O verão nos desafia a expressar nossa plenitude e a buscar o prazer nas vitórias conquistadas, enquanto o outono nos leva a uma introspecção necessária, preparando-nos para o que virá. O inverno, com sua quietude e renovação, nos oferece a oportunidade de morte e renascimento, um ciclo necessário para que possamos florescer novamente em um novo patamar de consciência.

Assim como o homem moderno lida com os desafios da globalização, da tecnologia e da aceleração da vida, a chave para superar essas dificuldades está na compreensão dos ciclos naturais e no aprendizado contínuo sobre si mesmo. Ao invés de nos perdermos na busca incessante por validação externa, somos chamados a olhar para dentro, a cultivar o autoconhecimento e a verdadeira conexão com nossa essência. A verdadeira realização não vem do controle do mundo externo, mas da capacidade de dominar a nós mesmos, de enfrentar nossa sombra e aprender a transformar o caos em um processo de evolução contínua.

Na jornada do herói, seja ele o empreendedor, o líder ou o simples ser humano em busca de sentido, não há final definitivo. O verdadeiro aprendizado está na compreensão de que cada desafio, cada vitória e cada derrota são partes integrantes de um processo contínuo de transformação. Não importa o tamanho do dragão que enfrentamos, ou o quão grande seja a missão que nos é atribuída, o essencial é seguir com coragem, confiança e a consciência de que somos parte de algo maior.

A caminhada humana, como as estações do ano, é feita de ciclos. O aprendizado se dá no processo, não no destino. A reflexão sobre o tempo, sobre a natureza cíclica da vida, nos ensina a aceitar nossas limitações e a abraçar a impermanência de tudo o que é. O segredo está na jornada — na maneira como vivemos cada etapa, com humildade, compaixão e gratidão.

A verdadeira transformação, tanto pessoal quanto coletiva, ocorre quando somos capazes de aceitar a dor e os desafios como oportunidades de crescimento. É no inverno de nossas vidas, nos momentos de maior escuridão, que a luz da renovação pode brilhar com mais força. E, assim como a árvore sem folhas em um processo de aparente desolação se prepara para florescer novamente, o ser humano é chamado a ser antifrágil, a transformar a adversidade em força, e a se tornar, por fim, aquilo que sempre foi: um criador de sua própria realidade.

A jornada não tem fim. Ela é um ciclo eterno de aprendizado, crescimento e renovação. O verdadeiro tesouro está na capacidade de enfrentar os monstros que habitam dentro de nós, de transformar o caos em ordem e de perceber, ao final, que somos todos, em essência, parte do grande todo, conectados pela energia que move o universo.

O título deste capítulo final é um de meus adágios favoritos: *Desperte, liberte-se, seja feliz*! Para mim, essas são partes essenciais do nosso processo de transformação.

DESPERTAR

Uma jornada das regiões conhecidas para as desconhecidas da alma é semelhante à busca narrada nos contos de fadas. O herói ou heroína inexperiente abandona o mundo familiar, comum, movido pelo anseio de encontrar uma vida mais rica, diferente da rotina ordinária de sua existência limitada. Seguem-se imediatamente encontros ameaçadores e provas de todos os tipos. Se passar nos testes, encontrará a felicidade. O prêmio será a riqueza e um companheiro para a vida; você se tornará rei ou rainha, um adulto realizado.

Se levada a sério, a busca interior também requer coragem; passa por regiões de trevas, conduz à maturidade, e o tesouro sempre é encontrado. Como nos contos de fadas, o herói ou heroína não fica à espreita do dragão, mas o ataca, e não foge da bruxa, mas lhe presta ajuda. Assim você também deve enfrentar suas forças destrutivas interiores e lidar com elas.

Despertar é a consciência de nossa verdadeira natureza, um movimento profundo de reconhecimento daquilo que sempre foi, mas que estava obscurecido por nossas próprias ilusões e medos. Esse processo é, muitas vezes, uma ruptura com o que conhecemos, como na alegoria da caverna de Platão, onde o prisioneiro, ao ser libertado das sombras, precisa lidar com a dificuldade de ver a luz da verdade. O despertar, portanto, é simultaneamente uma libertação e uma revelação, que exige coragem para que saiamos da zona de conforto e enfrentemos o desconhecido.

LIBERTAR-SE

Todo ser humano tem um anseio interior mais profundo do que os anseios de realização emocional e criativa, embora esses, sem dúvida, façam parte do desejo mais íntimo e essencial. Estes anseios provêm da sensação de existir um outro estado de consciência, mais planificador, e uma capacidade maior de viver a vida.

O anseio é realista quando você parte da premissa de que a pista para a realização deve estar em você; quando deseja descobrir as atitudes que o impedem de viver a vida de uma maneira mais plena e significativa; quando interpreta o anseio com uma mensagem oriunda do âmago de seu interior, mensagem essa que o dirige por um caminho que o ajudará a encontrar seu verdadeiro eu.

A grande dificuldade é que você se agarra às ilusões de como é, de como deveria ser e de que não deveria ter certos problemas. A menos que se desvencilhe dessas ilusões e leve em consideração tudo o que está em seu interior, você continuará alienado de sua própria essência.

O caminho é maravilhoso quando você ultrapassa os estágios iniciais e compreende os ciclos, nos quais luta contra as suas próprias ideias falsas que sempre criam alternativas inaceitáveis. Quando o caminho se abre a partir do seu interior, você passa a experimentar, talvez pela primeira vez em sua vida, seu próprio potencial de ser, sua própria divindade. Você passa a sentir seu potencial para o prazer e para a segurança, a consciência de si mesmo e dos outros, compreende-os e fica com eles sem temê-los.

A decisão inicial de comprometer-se com o caminho deve ser tomada realisticamente para que possa funcionar. Estar disposto a deixar de lado as ilusões sobre si mesmo e sobre suas expectativas, que procedem da sua resistência em deixar de enganar a si mesmo e de se preocupar com o que os outros deveriam fazer por você.

Quase todos nós nascemos acreditando que não somos suficientemente bons para sermos amados pelo que somos. Por isso, procuramos desesperadamente nos igualar a uma imagem que criamos de como deveríamos ser. O esforço contínuo para sustentar essa versão idealizada é responsável por grande parte de nossos problemas.

Assim, no processo de libertar-se, é importante que você descubra em quais bases construiu sua imagem idealizada e como ela deu origem ao sofrimento e à frustação em sua vida. Irá perceber que o resultado dessa imagem foi exatamente o oposto do que esperava. Essa descoberta pode ser dolorosa, mas lhe possibilitará reavaliar sua postura frente ao mundo e o ajudará a tornar-se o seu verdadeiro eu, sem tensões.

Libertar-se é um ato de coragem diante da vida e de seus ciclos naturais. É a capacidade de soltar as amarras do ego, dos medos e das falsas crenças que nos aprisionam a uma versão limitada de nós mesmos. A liberdade não é ausência de desafios, mas a capacidade de viver de forma plena e consciente, abraçando os altos e baixos da existência com a serenidade que vem do entendimento de que estamos todos conectados a algo maior. Ao nos libertarmos das amarras do ego, abrimos espaço para uma vida mais autêntica, em harmonia com os ciclos da natureza e com o fluxo da vida.

SEJA FELIZ!

Somente quando você deseja de uma forma saudável e madura, e apenas quando estiver disposto a amar na mesma medida em que deseja ser amado, é que o amor virá.

Lembre-se de que a personalidade desses ciclos viciosos é forte, e que você jamais pode assumir riscos enquanto continuar a desejar o imaturo amor infantil. Já que ela não pode arriscar nada pelo amor, ela não sabe como amar de forma madura. A criança não tem obrigação de assumir esse risco, mas o adulto tem. A criança interior tem apenas o desejo e o anseio imaturo de amar e ser amada e acarinhada, cuidada e admirada mesmo por pessoas a quem ela não tem a intenção de retribuir o amor. E com as pessoas a quem ela tem a intenção de retribuir, em certa medida, a proporção entre a disposição de dar e sua necessidade compulsiva de receber é muito desigual.

Em razão desse desequilíbrio básico, esse esquema jamais poderá funcionar, pois a Lei Divina é sempre justa e equilibrada. Você nunca recebe mais do que investe.

Você terá que ver que, quando criança, tinha justificativa para o fato de ter certos sentimentos, atitudes e incapacidades que agora estão obsoletos. Terá também que aprender a ser tolerante com as suas emoções negativas. Você tem que compreendê-las. Tem que descobrir onde se desvia do seu conhecimento consciente nas suas tendências, exigências e desejos emocionais. Pode ser que saiba, e que até pregue, que tem que dar amor sem estar preocupado em receber, mas todos nós, nas nossas emoções, ainda nos desviamos desse conceito intelectual.

Agora peço que imagine uma consciência, um estado de ser no qual exista apenas a felicidade e poder infinito para criar a própria realidade percebida, sentida. Entre outras coisas, a consciência é um instrumento pensante. Assim, ela pensa – eis que... Algo começa a existir. Ela quer – eis que... O que é desejado e pensado passa a existir. A vida é infinitamente preenchida por possibilidades. A criação começa com o pensamento, então o pensamento toma forma, torna-se um fato da vida além dos limites do ego, a consciência que flui e flutua livremente. E assim que o pensamento imediatamente toma forma, torna-se ato. É somente no ego do humano e na sua pequenez de conhecimento que o pensamento parece separado da forma e do ato, da obra. Quanto menor a consciência de uma entidade, mais separados parecem o pensamento, a forma, o ato e o nível em que a forma parece totalmente independente do ato, e este do pensamento ou da vontade. Esses três estágios, então, não parecem ter conexão entre si.

Uma parte essencial do despertar da consciência individual está precisamente em fazer essa conexão. Não importa o quanto possam estar separados, no tempo e no espaço, pensamento e vontade, ato e ação, forma e manifestação, todos constituem uma unidade. No estado do ser, onde não há limites, onde não há estruturas rígidas, essa unidade é vivenciada como realidade viva.

A experiência disso causa uma felicidade e fascínio indescritíveis. O universo inteiro está aberto para ser explorado, aberto para novas maneiras de autoexpressão e autodescobertas, dando forma a mundos sempre mais numerosos, a experiências e a mais efeitos. O fascínio de criar o infinito.

Visto que as possibilidades são infinitas, a consciência também pode explorar a si mesma, fragmentando-se para, por assim dizer, "ver o que acontece". Para se experimentar, ela se contrai, se expande, para que ela possa vivenciar sua própria luz.

Ser feliz não é buscar a perfeição ou um estado constante de prazer, mas sim aceitar as estações da vida e aprender a vivê-las com plenitude. A felicidade verdadeira vem do reconhecimento de nossa própria jornada, com suas dores, alegrias, desafios e vitórias. A felicidade está na capacidade de viver o presente, sem as correntes da comparação, do medo do futuro ou da nostalgia do passado. Está na aceitação de que somos seres em constante mudança, e que a felicidade surge, muitas vezes, no processo de crescer, amadurecer e aprender a lidar com os próprios limites.

O despertar e a libertação, então, são necessários para vivermos de forma autêntica e plena. Ser feliz não é um destino, mas uma jornada de aceitação e integração. O caminho para a verdadeira liberdade e felicidade é aquele que nos leva a compreender nossos próprios ciclos internos, a lidar com nossa sombra e a reconhecer que cada passo dado é parte de um movimento contínuo de evolução e crescimento. Ao abraçar o caos e a transformação, podemos alcançar um estado de paz interior que nos permite experimentar a vida em sua totalidade.

Que este texto não seja uma conclusão, mas um prelúdio ou continuação de um caminho sem volta rumo a um mergulho interno profundo, libertador e muito muito feliz.

Confie no caminho, seja paciente e fiel. Isso significa que, quando se perder e estiver confuso, pode confiar na jornada que escolheu, ou que escolheu você. Significa que outros já fizeram a jornada antes de você, a jornada do contador de suas próprias histórias. Você não é o primeiro e não será o último. Sua experiência com ela é única, seu ponto de vista tem valor, mas também é parte de algo, de uma longa tradição que remonta os primórdios de nossa raça.

Confie na jornada. Confie na história. Confie no caminho.

Como Dante diz no início do *Inferno*, " No meio da jornada da vida me vi em uma floresta sombria, pois o caminho certo estava perdido".

Quando você começa a caminhar, o caminho aparece.

Boa viagem!

REFERÊNCIAS

BANDURA, Albert. **Social learning theory.** New Jersey: Prentice Hall, 1977.

BAUMAN, Zygmunt. **Modernidade líquida**. São Paulo: Zahar, 2001.

BLAINEY, Geoffrey. **Uma breve história do mundo**. Curitiba: Fundamento, 2015.

BOURBEAU, Lise. **As cinco feridas emocionais**: como superar os sentimentos que impedem a sua felicidade. Rio de Janeiro: Sextante, 2020.

CAMPBELL, Joseph. **As transformações do mito através do tempo**. São Paulo: Cultrix, 1999.

______. **O herói de mil faces**. São Paulo: Palas Athena, 2024.

______. **O poder do mito**. São Paulo: Palas Athena, 2014.

CHANDA, Nayan. **Sem fronteiras**. Rio de Janeiro: Record, 2011.

CHAPMAN, Gary. **As cinco linguagens do amor**. *São Paulo: Editora Mundo Cristão, 2013.*

CSIKSZENTMIHALYI, Mihaly. Criatividade: O flow e a psicologia das descobertas e das invenções. São Paulo: Objetiva, 2024.

DAMÁSIO, António. **O erro de Descartes**: emoção, razão e o cérebro humano. São Paulo: Companhia das Letras, 2012.

______. **O mistério da consciência**. São Paulo: Companhia das Letras, 2015.

DAVIDSON, Richard J.; BEGLEY, Sharon. **O estilo emocional do cérebro**. Rio de Janeiro: Sextante, 2013.

DIMITRIADIS, Nikolaus; PSYCHOGIOS, Alexandros. Neurociência para líderes. São Paulo: Universo dos livros, 2021.

DOSTOIÉVSKI, Fiodor. **O sonho de um homem ridículo**. Rio de Janeiro, Antofágica, 2020.

DUMAS, Alexandre. **O Conde de Monte-Cristo**. São Paulo: Martin Claret, 2017

FISHER, Robert. **O cavaleiro preso na armadura**: uma fábula para quem busca o caminho da verdade. Rio de Janeiro: Record, 2020.

FRANZ, Marie-Louise von. **Adivinhação e sincronicidade**: um estudo sobre o tempo psicológico e probabilidade na Astrologia, no Tarô e no I Ching, na Quiromancia e na Numerologia. São Paulo: Cutrix, 2022.

FREUD, Sigmund. **Obras psicológicas completas de Sigmund Freud**: edição standard brasileira. Rio de Janeiro: Imago, 1996.

GIBRAN, Khalil. **O Profeta**. Porto Alegre: L&PM, 2001.

GOLEMAN, Daniel. **O cérebro e a inteligência emocional**: novas perspectivas. São Paulo: Objetiva, 2012.

GRANT, Adam. **Pense de novo**: o poder de saber o que você não sabe. Rio de Janeiro: Sextante, 2021.

HARARI, Yuval. **Sapiens**: uma breve história da humanidade. Porto Alegre: L&PM, 2015

JUNG, C. G. **Os arquétipos e o inconsciente coletivo**, vol. 9/1. 8. ed. Obra completa. Petrópolis: Editora Vozes, 2014.

JUNG, Emma. **Animus e anima**. São Paulo: Cultrix, 1967.

KANEHMAN, Daniel. **Rápido e devagar**: duas formas de pensar. São Paulo: Objetiva, 2012.

KELLER, Gary; PAPASAN, Jay. A única coisa. Rio de Janeiro: Sextante, 2021.

LEDOUX, Joseph. **O cérebro emocional**. São Paulo: Objetiva, 2001.

LIEBERMAN, Daniel Z.; LONG, Michael E. **Dopamina**: a molécula do desejo. Rio de Janeiro: Sextante, 2023.

MARK, Margareth; PEARSON, Carol S. **O herói e o fora-da-lei: como construir marcas extraordinárias usando o poder dos arquétipos.** Palas Athena Editora, 2003.

MARSTON, William Moulton. **As emoções das pessoas normais**. 2. ed. São Paulo: Success for you, 2022.

MILLER, Geoffrey. **Darwin vai às compras**: sexo, evolução e consumo. Rio de Janeiro: Best Business, 2012.

MURRAY, Stein. **Jung**: o mapa da alma. São Paulo: Cultrix, 2000.

NIETZSCHE, Friedrich. **Assim falou Zaratustra**. São Paulo: Companhia das Letras, 2018.

______. **A gaia ciência**. São Paulo: Companhia das Letras, 2012.

PEARSON, Carol S. **O despertar do herói interior**. São Paulo: Pensamento, 1993.

PINKER, Steven. **Tábula rasa**. São Paulo: Companhia das Letras, 2004.

PLATÃO, **A república**. São Paulo: Lafonte, 2021.

POSSATTO, Lourdes. **Equilíbrio emocional**. São Paulo: Lúmen, 2008.

ROSNER, Stanley; HERMES, Patricia. **O ciclo da autossabotagem**. Rio de Janeiro: Editora Bestseller, 2013.

RUFO, Marcelo. Me larga! Separar-se para crescer. São Paulo: WMF Martins Fontes, 2007.

SARTRE, Jean-Paul. O existencialismo é um humanismo. Petrópolis: Vozes, 2014.

SCHOPENHAUER, Arthur. **O mundo como vontade e representação**. Rio de Janeiro: Contraponto, 2007.

SINEK, Simon. **Comece pelo porquê**: como grandes líderes inspiram pessoas e equipes a agir. Rio de Janeiro: Sextante, 2018.

TALEB, Nassim Nicholas. **Antifrágil**. São Paulo: Objetiva, 2020.

VIORST, Judith. **Perdas necessárias**. São Paulo: Melhoramentos, 2021.

VOGLER, Christopher. **A jornada do escritor**: estrutura mítica para escritores. São Paulo: Aleph, 2015.

ZIMERMAN, David E. **Os quatro vínculos:** amor, ódio, conhecimento e reconhecimento na psicanálise e em nossas vidas. Porto Alegre: Artmed, 2010.